A book to escape from the dexterity poor

A book to escape from the dexterity poor

何をやっても
中途半端…な

「器用貧乏さん」から脱出

する本

メンタルコーチ
龍夏

SOGO HOREI PUBLISHING CO., LTD

はじめに

この本は「**器用貧乏さん**」のための本です。

「自分の強みを見つけたい」
「自分探し迷子から脱出したい」
「自信が持てない不安を取り除きたい」

あなたは、こんなことを願っていませんか。

けれども一方で、

- **自分の強みが何なのかわからない**
- **自分に自信がない**
- **自分は「器用貧乏」だと感じている**
- **人から「器用貧乏」だと言われたことがある**

と思っているなら、ぜひ次のページの「器用貧乏さんあるあるチェック」に答えてみてください。

□ 都合のいい人扱いされている

□ 職場のローテーションが他の人より多い気がする

□ 上司からキャリアについて尋ねられても
明確に答えられない

□ 自分には「軸がない」と感じている

□何をやっても「そこそこ」できてしまう

□特筆すべき得意なことがない

□ひとつのことを極められない（継続できない）

□ルーチンワークばかりだと飽きてしまう

□要領よく物事を進めることはできるが、ある程度まで到達したら「これくらいでいい」と熱が冷めて物事を長続きさせるのが苦手

□次々と興味の対象が移り変わるので、ひとつひとつの物事に対する知識が深まりづらい

□「自分は何も成し遂げていない」と思っている

□他人から見たら要領よくいろいろなことをスピーディーにできてしまうので頼られやすい

□頼まれると嫌と言えず、つい何でも引き受けてしまう

□誰かに頼ることができない

□自分のことは後回ししてしまう

「器用貧乏さんあるあるチェック」（前ページ）で、いくつチェックがつきましたか？ひとつでもついたなら、あなたは「器用貧乏さん」なのかもしれません。

先ほどのチェックリストは、器用貧乏さんが抱える悩みの一例でした。

器用貧乏さんは、他人からは「何でもできる人」だと思われているのに、自分に自信がない（自己評価が低い）人や、自分のことは後回しで頼まれ事を何でも引き受けているうちに、精神的なストレスや不満を抱え込んでしまうといった人が多いのです。

〝器用貧乏〟というとネガティブな印象を持たれがちです。もしかして、あなたもそう思っているかもしれませんね。

しかしながら、器用貧乏さんには良い面がたくさんあります。例えば、

- **どんなことにも飲み込みが早く、平均点以上の結果や成果を出せる「マルチプレイヤー」として仕事がこなせること**
- **さまざまな経験から培われた柔軟な対応力があり、トラブルにも臨機応変に対応で**

きること

- **相手の気持ちを機敏に察知でき、周囲への気配りができるので率先してフォローできること**
- **広く浅く、人より経験をしているので周囲から頼られることも多く、話題が豊富で、引き出しの多さからコミュニケーション能力が高いこと**

などが挙げられます。

良い面もあるのに、なぜ器用貧乏であることに悩んでしまうのでしょうか?

器用貧乏が悩みになる本当の原因

ズバリお伝えします。

器用貧乏であることが悩みになる原因は「自分にとって何が大事なのか」、すなわち**自分軸が明確になっていない**からです。

ですが安心してください。どんな器用貧乏さんでも、正しいプロセスを踏むことで自分軸を見つけることができます。**自分軸を見つけることで、公私共に「何をやっても中途半端」な器用貧乏さんから脱出できます**。

この本は、悩める器用貧乏さんのために、簡単なワークで自分軸を見つける方法をお伝えしていきます。さらに、ワークで確立させた自分軸の賢い活かし方についても、具体的な実践方法がわかります。

読むだけでなく、ぜひ紙とペンを用意して、ワークに取り組みながら読み進めてください。

あなたがこの本を読むことで、次のような変化が訪れます。

- **眠っていた能力が最大化され、仕事で発揮できるようになる**
- **周囲の人から一目置かれ信頼されるようになる**

- **家族や友人、パートナーとの幸せな人間関係が築ける**
- **自分の強みを活かした自分らしい人生を手に入れる**
- **想像を超えた未来を手にできるようになる**

その結果、「器用貧乏から脱出できる」未来が手に入ります。

本書でのさまざまな方法やワークは、わたしがメンタルコーチとして13年間で1万件を超えるお悩みを解決する中で培った知識や経験に加え、受講生やクライアントが変化した実例や、わたし自身が幼い頃から器用貧乏で幾度となく悩み、苦労しながらも人生を変えてきた、当事者としての実体験も土台となっています。

申し遅れました。アシタノコンパス®コーチの龍夏《りゅうか》と申します。

わたしは2011年からメンタルコーチとして活動していて、目標達成に関する講座やセミナーを通算1500回以上開催してきました。ビジネス講座の受講生はのべ6383人、従業員3万人の上場企業でのコーチングセミナーや、30社を超える上場企業にてモチベーション改善と生産性改善を一緒に行う「企業まるごとカイゼン活動」を300回以上開催してきました（2024年6月時点）。

現在はコーチング・運命学鑑定・起業支援の三本柱からなるアシタノコンパス®講座を主宰しており、日本全国だけでなく、海外にも受講生がいて毎日オンラインで講座を行っています。

相談を受ける中で、自分が器用貧乏であることに悩んでいる人がたくさんいると肌で感じています。実際、受講生に「あなたは器用貧乏ですか？」と尋ねたら、6割を超える人が「はい」と回答しました。

これが、この本を書くきっかけになりました。

そしてわたし自身も、根っからの器用貧乏でした。

子どもの頃からいろいろなことに興味を持って手を出すものの、何事も長続きしないタチでした。継続できないから上達もしないので、つまらなくなってやめてしまう。

ピアノ、そろばん、習字、絵画工作教室、スケートなど、全部中途半端に終わってしまいました。

社会人になってからコーチングを学び、そこで自分を知り、自分軸を見つけ、夢を持ちました。一歩ずつ前進していく中で、徐々に器用貧乏から脱出していきました。

これは決してわたしだけの話ではありません。

あなたもこの本を活用すれば、器用貧乏さんから脱出できます。そのお役に立てるならとてもうれしいです。

さあ、さっそくページをめくって、脱出の第一歩を踏み出しましょう！

第4章 自分軸の賢い活かし方

第6章　器用貧乏さんから脱出し、明るい人生を歩もう

ブックデザイン：奈良岡菜摘
カバー・本文イラスト：鈴木衣津子
図表・DTP：横内俊彦
校正：新沼文江
編集：鈴木遥賀

第1章

「器用貧乏さん」とは？

誰もがマイナスの意味で使っているであろう「器用貧乏」という言葉。

そもそも、器用貧乏とはどういうものなのでしょうか。

そして、本来ならば不器用よりも器用であるほうがメリットがあるはずなのに、どうして「貧乏」扱いされるようになってしまったのでしょうか。

現代を生きる器用貧乏さんたちが実際にどんな状況に身を置いていて、それがいかに器用貧乏さんが育つ環境になっているかを本章で紐解いていきます。

そもそも「器用貧乏さん」とは？

「龍夏さん、聞いてください！　同期が昇格したんです。わたしは社内で便利屋として重宝されているだけで、ずっと現状維持のままなのに」

「またやりたくない仕事を押し付けられました。みんなには『そんなの断ればいい』って言われるけど、そんなことしたらダメですよね」

「昔から、『あなたの強みは何ですか？』と聞かれると、頭が真っ白になります」

「あれもこれもと手を出すのですが、すぐに続かなくなってしまうんです」

「起業したいんですけど、わたしのような人間にもできるのでしょうか」

そんなお悩みを話される方のほとんどが、「わたしって、器用貧乏なんです」とおっしゃいます。

そのときの表情は、決まって元気がありません。言い慣れているのか、自虐的に苦笑いしながらおっしゃる方も多いです。器用貧乏であることを、プラスの意味では言っていないですよね。

誰もがマイナスの意味で使っているのが、「器用貧乏」という言葉です。

器用貧乏さんの特徴

ここで、器用貧乏さんの特徴を大きく3つにまとめます。

1 自分の強みがわからない

器用貧乏さんは、何をやっても少ない時間で勘やコツをつかむのが上手です。なので、すぐにある程度のレベルまで到達します。しかし、それゆえに突出した能力がないと感じてしまい、どれが自分の強みなのかがわからないのです。

2 他者のプラス評価を受け入れられない

器用貧乏さんは、そこそこ何でも器用にこなせるため、幼い頃から褒められる機会も多く、大人になってからも周囲の評判が高いことが特徴です。ですが本人は特筆すべき強みが自覚できていないので、「この程度は誰でもできる」「もっとズバ抜けたすごい人は世の中にたくさんいる。それに比べて自分はなんて平凡なんだろう」と考えてしまいます。

自己肯定感の低さから、他者からのプラス評価を受け入れることができないという傾向があります。

3 「三日坊主」ならぬ「一日坊主」

器用貧乏さんは何でも器用にこなせるがゆえに、できるようになると途端に興味を失う傾向にあります。なのでコツコツと続けることが得意ではなく、三日坊主ならぬ「一日坊主」になってしまうことも多くあります。

この本を手にしてくださったあなたも、心当たりがありませんか?

ですが安心してください。

このような**器用貧乏さんの特性はプラスの要素に切り替えることで、器用貧乏から脱出できます**。あなたはまだ、その方法を知らないだけです。方法を実践すると人生は変わります。

どうしたら脱出できるのかは、第3章以降に詳しく紹介しています。

器用貧乏さんを取り巻く環境

ここからは、現代を生きるわたしたちが実際にどんな状況に身を置いていて、それがいかに器用貧乏さんが育つ環境になっているかを紐解いていきます。

器用貧乏を生む幼少期～学生時代

突然ですが、ちょっと昔のことを思い出してみてください。

あなたは子どもの頃、何かできるようになると、親や大人や周りの人から「すごいね」「えらいね」と褒められることが、うれしくありませんでしたか？

実はこれが、〝器用貧乏さん人生〟のスタートになっていたのです。

褒められると、なんだかお兄ちゃんやお姉ちゃんになったような気がして、誇らしい。もっと褒められたくて、逆上がりの練習をしたり、自転車に乗れるまで何度転げてもくじけず諦めなかったり、九九の掛け算を覚えたりしませんでしたか？

ほかにも、どんなことを頑張っていましたか？

親の「良かれと思ったひとこと」が「何でもできる良い子」を作っている

器用貧乏さんの多くは、子どもの頃にいろいろなお稽古事や勉強をしています。

習い事をはじめたきっかけは、仲良しの友達が通っているから、本やテレビなどで目にして興味を持ったからといった自発的な理由や、保護者からすすめられてといった理由もあるでしょう。

いずれにしても、続けているうちに「上手だね」「よくできたね」「すごいね」と褒められることがうれしくて、もっと褒められたいから頑張ろうという気持ちが芽生えていきます。

そして、大人になって苦労しないように、食べることに困らないように、という我

が子の幸せな未来を願う親心から、

「何でも興味を持ったことはやっていいんだよ」

「枠にはまらず自由にのびのびと育ってほしい」

と言われるようになります。


子どもである当の本人は、親がそう望むなら叶えなければならない、親の期待に応えたい、そのために頑張らないといけない、と受け取ります。なぜなら、親自身が自由に生きるという人生を叶えていないからです。生活に追われ、「ライスワーク」といわれる生活の糧を得るために仕事をし、家の中でも家事などに忙殺されている姿や、ぐったりと疲れて布団から出てこない姿を子どもは見ています。

「親の背中を見て子は育つ」「子は親を映す鏡」ということわざがあるくらい、子どもは親が言っていることより

も、実際に何をしているかを見て学んでいます。

ここで少し個人的な話をさせてください。

わたしは0歳の頃から保育園に預けられ、母は働きながら女手ひとつで育ててくれました。乳児期から社会と触れることとなったわたしは、自分でなんとかしなければならない、忙しい母に迷惑をかけたくない、という思い込みが強くなり、いかにして「ひとりでできるか」を考えるようになりました。

おそらく母は生きることに必死で、わたしに対する期待はさほどなかったように思います。それでも、人に迷惑をかけないことが母の役に立つ、何でも自分でできるようにならなければ、と頑張っていました。

話を元に戻します。

はじめは誰かに褒められることが「頑張る価値」であっても、次第に認められることに価値を見いだすようになります。何かができるようになると、誰かが認めてくれる。つまり、自分という存在を認めてもらえることこそが大切だ、と感じるのです。

これを実感できるように努力し、その結果、できることが増えていき、もっといろいろなことができるようになりたい、という欲が芽生えていきます。

成長するにつれ、少しずつできることが増えていき、新しいチャレンジに対するコツのようなものがつかめるようになっていきます。

そういった日常の中で、親の期待を受け取ることにある種の義務感が生じます。自分のためではなく義務感のために行動することとなり、結果として何でもできる良い子が育っているという状況をつくり出しているのです。

学生時代はあらゆる科目でまんべんなく高得点を求められる

親の期待に応えたい、という動機ではじまった努力も、結果が出ることの手応えを感じて、少しずつ自分でもやりがいを感じはじめます。

ところが義務教育が始まり、学年が上がるに伴い、全教科で高得点を取ることが推奨されるようになります。限られた時間の中でいかに効率よく物事をこなして結果を出していくかという考えから、知らず知らずのうちに、効率的に物事を習得して結果を出す能力が磨かれていきます。

ここで、自発的に勉強する楽しさや、学ぶことそのものが目的になればよいのですが、**器用貧乏さんは親の期待に応えたいことが元の動機なので、人並みのレベルまでそつなくこなす能力が磨かれていきます**。

器用貧乏がネックになる就職活動〜社会人

こうして可もなく不可もなく、まんべんなく学習の結果を出して学生生活を終える器用貧乏さんは、就活に突入した途端、困難に直面します。

就活になると途端に「強み」「個性」を求められる

就活で壁にぶつかる理由は、企業の求人情報に書かれている「求める人物像」が、自分とは合致していないと感じるからです。

企業が求めているのは、それまでの何でもひととおりできるオールマイティな才能を持つことよりも、キラリと光る個性やこだわりや熱心さを持って活動を続けていた経験がある人材です。特にリーダーシップを期待しています。

器用貧乏さんは、幼い頃からたいていのことは器用にこなしてきたものの、自分の強みや得意なこと、熱心に取り組んできたと言えるものがないと感じているので、大ピンチに陥ります。

就活では自己アピールが必須ですが、例えばエントリーシートに「自己ＰＲ」を記入する際に自分には書けるだけの長所や特技がない、と思っていて悩む人がとても多いのです。

オンリーワンの個性や強み、「これぞ自分だ」と言いきれるような活躍や特技などが注目を集める就活では、**それまでの器用さが価値を持たないことに悩みを抱える人が続出**し、自信を失ってしまうのです。

職場ローテーションが器用貧乏さんを増産している

なんとか就職先が決まっても、悩みは続きます。

同じ会社に複数年勤めたことのある人なら、職場ローテーションを一度は経験したことがあるのではないでしょうか。

実際、相談に来られた方から「入社以来、社内のほとんどの部署に配属されてひととおりの仕事をやりました。どれも広く浅くで、強みや経験と言えるようなものはありません」「デザインがやりたくて就職したのに、すぐに事務系の部署に配属され、慣れた頃に総務へ異動になったりと、社内を転々としておりキャリア形成が満足にできていません」などといったお話を伺うことが多くあります。

会社側としては長く同じ業務に従事すると、業務が属人化しブラックボックス化する懸念や不正の防止、社外取引先などとの癒着の危険が高まるとして、定期的なローテーションを実施しています。こういった**職場ローテーションを頻繁に行うことによ**

り業務に精通するスペシャリストではなくゼネラリスト、広く浅い業務経験が積み重なり、「器用貧乏さん」が増産されるのです。

特に新入社員の場合は、社歴が浅いうちに多くの部門での業務を経験することが、幅広い知見と人脈構築ができるといった観点でローテーションが実施されています。

わたしが会社員として勤めていた企業も、新人は配属確定している部署への配属前に数年間、新人研修と称して複数の他部門を短期間で異動し業務経験を積む形式を採っていました。

このように、社会人になっても広く浅い業務経験を積み重ね、常に新しい業務に携わることで「仕事ができるようになる」よりも「こなせるようになる」ほうが先決となってしまい、結果的に何をやっても中途半端な感覚になります。

中途半端な自分に悩みながらも、在籍年次はどんどん増えていき、気づいたら中核を担う立場になっている。同期

が先に昇格し活躍していく姿を見て、このままではいけない気がして、あわてて資格取得などを目指し時間やお金を投資して努力を重ねます。

しかし、苦労して資格を取得しても、部署異動や担当業務変更で、せっかくの資格が活かせないこともあるのが現実です。

何でもこなせることを「良くないこと」だと思っていたり、自分に自信がなくて自己主張ができない器用貧乏さんも多いです。人から頼まれるとつい何でも引き受けてしまい、自分のことを後回しにばかりしがち。次第に、精神的なストレスや不満を抱え込んでしまいやすいのです。

上司に「将来どうなりたいの?」と言われると頭が真っ白になる

就職後は持ち味であるオールマイティさが仕事に発揮され、周囲からも上司からも頼りにされ、「何でもできる人」だと一定の評価を受けるでしょう。それにもかかわらず、当の本人はオンリーワンの個性がないと思い込んでいるため、自己評価が低い人も多いです。

また、人の良さも相まって引き受けてしまうことから、あれもこれもと目の前の仕事に忙殺され尽力してきたことによって、将来のことを考える機会を持てないまま年齢を重ねている器用貧乏さんは少なくありません。

それゆえに、定期考査や1on1などの場面で上司との話し合いの際、キャリアビジョンや今後やりたい仕事などを尋ねられても、その視点で考える機会がなかったために「やりたいこと」を主張できません。上司からの問いに満足に答えられず、悩むことになります。

幼少期に周囲の期待に応えたいという思いから始まった純粋な努力が、学生時代にそつなくまんべんなく物事をこなせる実力が身についたことで「器用」という個性が育まれました。それなのに、就職活動や社会に出るといつしか器用であることが貧乏扱いされるようになります。

まさに〝貧乏くじ〟を引いた状態なのが、現代を生きる器用貧乏さんの状況なのです。

器用さはなぜ貧乏になった？

ところで、いつから器用さは「貧乏」扱いをされるようになったのでしょうか。

わたしは「高度経済成長期」（第二次世界大戦が終結した10年後、1955〜1973年まで）の前後で器用な人に対する評価が変わってしまったのではないか、という仮説を立てています。少し歴史を紐解いてみましょう。

【高度経済成長期以前】器用＝生活能力

高度経済成長期以前の日本、すなわち第二次世界大戦前は、「副業・兼業は当たり前の時代」でした。実際、わたしの祖母はいくつもの仕事を掛け持ちして忙しく働いていました。早朝から畑を耕し大豆を育て、収穫して豆腐を作り、日中はリヤカーで売り歩き、夜は和裁で着物を仕立てる仕事をしていました。

器用に何でもこなすことは、豊かさをつくり出すための生活能力であったわけです。

【高度経済成長期以後】器用＝良い進学・就職に必須の能力

高度経済成長期には、戦後の復興で経済が活性化し、会社に勤務することが一般的となりました。「終身雇用」「副業・兼業禁止」という制度のもとで、大半の人が「学校を卒業したら会社に就職」「定年まで同じ会社に勤務する」のが当たり前の時代でした。

好景気という時代、大企業、有名企業に就職すれば生涯安泰といったムードが高まりました。企業に就職するには高倍率の試験に合格する必要があり、高学歴、良い成績を、と「会社員になる＝良い学校に入る」ための偏差値を重視する教育や活動が白熱した時代でもあります。

「良い学校に入る」ための偏差値を重視するということは、あらゆる科目でまんべんなく高得点を得ることが求められるので、必然的に器用さが必須となります。

【現代】器用＝自分の利益にならない能力＝貧乏

では、現代はどうでしょうか？

「みんな違ってみんないい」「ナンバーワンよりオンリーワン」「強み」「個性」「自分軸」「確固たる信念」「ビジョン」などが求められ、不器用でも「何かひとつキラリと光るもの」があるほうが良いと言われる時代になりました。それゆえ、器用であることは価値が低い、すなわち「貧乏」扱いになっていきました。

これからは自分で自分の正解を創り出していく時代へ

最近は、一芸に秀でることのみが評価される【現代】から、**多様な個性や強みを活かして生き抜く時代へ変容しています**。特に近年は、

- 予測が非常に困難な自然災害の発生
- 2020年から「風の時代」に突入

占星術の世界では、200年周期で時代が変化するといわれています。これまでの「土の時代」（物やお金、不動産などの目に見える資産や、成績、肩書き、安定、固定などといったひと目でわかる確実なものが価値となる時代）から、風のように目には見えないが存在する、情報や知識、教育、コミュニケーションなど、形のないものの要素が中心となる時代になるといわれています。

そしてこれは運命鑑定士でもあるわたしの持論ですが、文字どおり「土」、すなわち地に足をつけている時代から、風に吹かれて所在なく流されて流浪せざるを得ない時代に変化していくであろうとみています。

●ビジネスは「VUCA」で語られる時代

VUCA（ブーカ）は、Volatility（変動性）、Uncertainty（不確実性）、Complexity（複雑性）、Ambiguity（曖昧性）という4つの単語の頭文字をとった言葉で、目まぐるしく変転する予測困難な状況を意味します。

といったことから、先行きの見えない不安な時代に突入していることは周知のとおりです。これからは、ますます正解がない時代へと変化が加速していくでしょう。

時代の変化に伴い、学校教育も大きく変化しています。

学習指導要領の変更により、「アクティブ・ラーニング」（主体的・対話的で深い学び）が小学校から取り入れられています。これからは主体的に周りの人とかかわったり、試行錯誤したりしながら、自分で問題を解決していく力を養うことが重要となっていきます。

そんな時代を生きていくわたしたちは、「**自己理解による自分軸の発見**」と「**主体的に周りの人とかかわるコミュニケーション能力**」を磨いて、自分の正解をつくり出していくことが必須となっています。

しかし、器用貧乏さんは、器用であるがゆえに何でもある程度のレベルまでできてしまうことで、自分の何が強みなのか、何が自分の軸なのかがわかりません。

自分の良さが客観視できないことで、ますます自分以外の誰かのために能力を発揮せざるを得ない、自分の価値を自分のために活かせないという、**器用さを価値にできない貧乏状態になってしまっている**のです。

第2章

器用貧乏さんから「才能長者」さんへ

器用貧乏さんが強みや才能がわからないと感じるのは、何でも平均的か、それ以上にこなすことができるために突出したものを見つけられていないからです。

マルチにできるということは、見方を変えれば、たくさんの選択肢の中から自分に合った、自分だけの才能を見つけやすいということ。器用貧乏さんであるあなたは、実は「才能長者」さんに一番近い可能性を秘めているのです。

どうして自分軸を見つけないといけないの？

器用貧乏であることに悩む原因は、「自分にとって何が大事なのか」、すなわち**自分軸が明確になっていないからだ**、と「はじめに」でお伝えしました。

自分軸という言葉を、あなたも一度は耳にしたことがあるかもしれません。自分軸とは、文字どおり「自分」にある「軸」のことです。

「軸」とは

そもそも、軸という漢字は「回転する車のよりどころとなる部分」という意味からできていて、**物事の中心にあり支えになるもの**のことをいいます。例えば、もしも自動車の車輪に軸がなかったら、車輪は四方にバラバラに動いてしまい走ることができません。ヘリコプターやドローンも、軸がなければ翼が回転できないので飛ばすことができません。

このように、何かを動かそう、先に進もうとするときに軸がないと、持つべき機能を果たせないため目的を満たすことができず、致命的な状態になります。

軸と同様に、建築物に柱がないとどうなるでしょうか？

柱がない家に、屋根は付けられません。雨風を防げないので快適に暮らせないだけでなく、強度がないため2階以上の建物は建てられないですよね。橋に支柱（橋台など）がなければ、バランスを欠き不安定で、安全に向こう岸へ渡ることができません。反対に、柱があればどんなに高くても、遠くても、現在地と目的地をつなぐことが可能となります。

ほかにも、ロケットを支える発射台や、アサガオを育てるときにツルを上に伸ばすための支柱などをイメージすると、わかりやすいかもしれません。

これはわたしたち人間も同じです。

自分軸とは、自分という存在を支える柱のようなもの。つまり、自分軸がなければ自分にとって何が大切なのか、ひいては、自分の人生をどう生きるのか、という判断を他人の価値観に委ねなければならず、いつまでたっても人の言いなりや世間に流されて生きるという状態になってしまいます。だから誰もが見つける必要があるのです。

自分軸を、あなたは持っていますか？おそらくそう聞かれても、「持っている」と即答できる人は少数かもしれません。なぜなら、器用貧乏さんは自分軸がわからない、という人が多いからです。

自分軸を持つことで、判断や行動の基準を持つことができます。

いつも選択を間違えているような気がする、挫折ばかりしている、なかなか行動できない、といった悩みは解決し、自分の生まれ持った才能を活かして想像を超える未来を手に入れることが可能になります。

- **今とは違う、より良い未来を手にしたい**
- **充実した毎日を送り、欲しいものを手にした理想の自分になりたい**
- **夢や目標を叶えたい**
- **幸せな人生を送りたい**
- **自分の強みを見つけたい**
- **自分探し迷子から脱出したい**
- **自信が持てない不安を取り除きたい**

右のように願うならば、自分が本来持っている個性や持ち味を正しく認識して、自分軸を明確にし、活かしていく必要があるのです。

軸ナシだとこんなに困ることがある

「軸ナシ」とは、自分軸がない状態を表す言葉です。しかし、決して軸がないわけではなく、自分では見つけられていないだけです。

見つけ方は次の章でお伝えしますが、軸ナシではどのような困ることが起こるのかをここで明らかにしておきましょう。

結論から言うと、**軸ナシの状態だと、自分が持っている器用さを価値あるものにできないために損をしている**のです。

具体的には、

- **自分に自信がないため、他人の言いなりになってしまう**
- **自分の意見を打ち出す勇気が持てない**

- **他人に便利に使われて成果を横取りされ、自分の成果にならない**
- **意思が弱いため他人に振り回される**
- **自分を大切にできない、粗末に扱ってしまう**
- **自分の人生を生きられない**

という困ったことが起きてしまいます。あなたも自分のことを器用貧乏さんで軸ナシだと思っているなら、多少は自覚があるのではないでしょうか。

自分の中にある軸を見つけると、これらの困り事を解消できるだけでなく、多くのメリットが手に入ります。次のページからご説明します。

自分軸のポイントは自分にピンスポットを当てること

自分軸を明確にすると、「やる気」「能力」「やり方」「ゴール・目的」を見いだすことができます。

とはいえ、いくら自分軸が大切だと知っても、自分にはないと思っていませんか？大丈夫です。安心してください。あなたの中にはすでに軸のモトが眠っています。

器用貧乏さんは何でもある程度は器用にこなすことができるので、自分では自分の良いところや特徴に気がついていない方がとても多いです。例えるなら、「ミラーボール」のような存在なのです。

誰しもが複数の自分の特徴を持っていますが、器用貧乏さんは特に広範囲の知識や

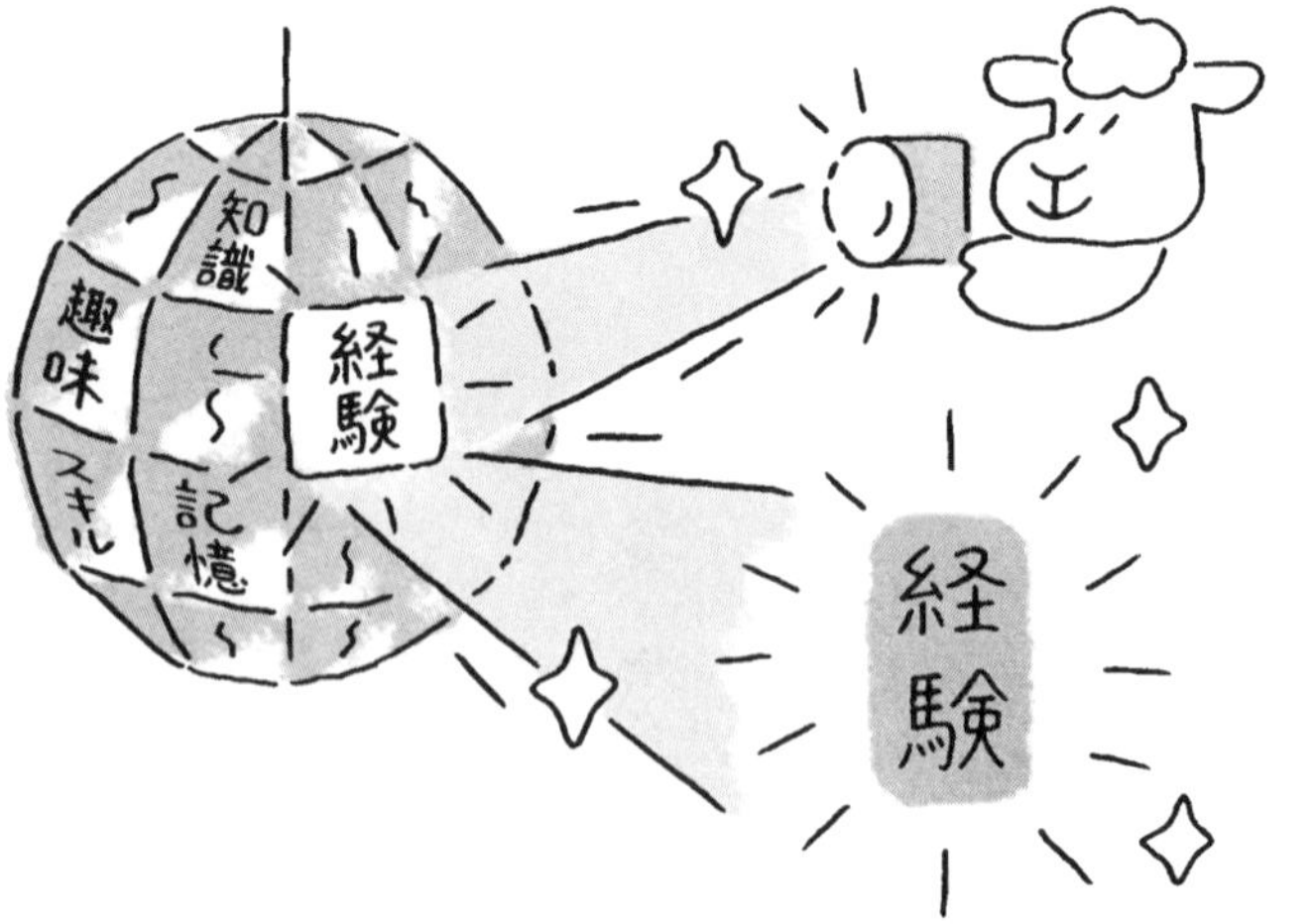

経験を有しています。ミラーボールの鏡の1枚1枚にそれらが書かれているイメージです。キラリと光る「強み」がいくつもあるのに、平均的にライトが当たり、フロア全体を光らせています。

器用貧乏さんは、上のイラストのように、**多面体であるがゆえに、何をやっても突出するものが見いだせず、自分では強みを発見することが難しい**のです。

ですので、自分自身がやっていることを、誰かに光を照らしてもらうことでようやく、自分のどの面が活かされているのか（＝強み）を認識できます。

自分で自分にピンスポットを当てることで「才能長者」に変わることができる

多面体な自分の全方向に光を当てていたり、反対に自分で照明を消して真っ暗にしていたりする人も多い器用貧乏さん。ところが、**一点の光（＝ピンスポットのような光）を自分で自分に当てられるようになると、唯一無二の自分だけの輝き、すなわち才能を見つけ出すことができる**のです。

それができると、器用貧乏から脱し「才能長者」の輝きを世に放てるようになります。ピンスポットの当て方は第3章以降でお伝えしていきます。

才能長者とは、才能を活かして富を得たり、理想の人生を歩める幸福な人のことをいいます。

器用貧乏さんは才能長者になれるのです。

才能長者になると何が良いのか

才能長者になると、今まで器用貧乏が理由で諦めていたことや、損をしたり報われない思いをしてきたことが解消されます。

自分の才能がわかり漠然とした不安がなくなると、今まで周りの人に流されたり、言われるがままにやっていた学びや資格取得などに費やしていた時間もお金も使わなくなります。

仕事の場面でも、できるからやっていた、というスタンスから、本当にやるべきことに時間を費やせるようになるのです。

あとは、メンタル面でも、「自分に許可を出せるようになった」「今の自分でいいんだ、と思えるようになった」「自分の背中を押せるようになった」といった声が多く寄せられています。

器用貧乏×自分軸＝才能長者へ！

器用貧乏で自分の良さがわからず全方位を照らしていたミラーボール状態から、「自分にとって何が大事なのか」というピンスポットで自分自身を照らし出すことで、自分軸が明確になり、才能長者になれます。

才能長者になるには今までと違う自分になる必要はない、ということはご理解いただけたかと思います。

ここで、実際に器用貧乏で悩み苦しんでいたわたしのクライアントが、自分軸を発見し活かし方がわかったことで才能長者になったことで劇的に人生が変わった、2つの事例を紹介します。

事例1 人材採用を失敗し続けていた経営者が起こした奇跡

人材採用を失敗し続けていた経営者が起こした奇跡の事例を紹介します。

Tさん（30代男性）は、とある地方都市の小さな町で、ひとり社長として会社を経営しておられました。

経営は順調で、業務量も増加する一方のため、従業員を雇いたいと採用活動を始めるも、なかなか応募がない。やっと問い合わせが来たかと思えば条件に合わず、どうにか面接にこぎつけるもドタキャンされたり、履歴書とは似ても似つかぬ人がやってきて話にならなかったり……と苦労されていました。

ようやく採用しても業務態度が悪く、注意すると翌日には辞めてしまうなど、なかなか良い人材に巡り会えないというのが悩みでした。

詳しく話を聞いていくと、Tさんはずっとひとりで会社をやっていたため、何でも自分ひとりでこなせる典型的な器用貧乏さんでした。

そのため、他人に何を任せていいのかがわからない。さらに自分軸を発見していく過程で、本当は人を信じられない、心の奥底では〝人嫌い〟だということに気づきました。だから、どれだけ優秀な人を採用しても、仕事を任せきれず、無意識のうちに拒絶するような態度や発言を繰り返していたのです。

人嫌いだと自覚できたことと、第3章でご紹介する「自分軸の見つけ方」によって自分軸が言語化されたことで、新しい人材を採用せずに自分の業務量の範囲で会社を続けていこうと決意されました。

自分の強みだけに的を絞り直し、何を会社の軸とするかを定め、優先順位をつけて実践を続けていると、なんと翌月には売り上げが2・5倍にアップするという結果を叩き出しました。

その後も順調に業績を上げていきます。その過程をSNSで発信したことで、世間から注目を集め、全国から問い合わせや会社見学が殺到するようになり、「働きたい」と自ら志願する人が出てくるようになりました。

結果的に、Tさんの志を理解する従業員を採用することができ、半年後には支社を開設するまでに成長されました。

「人嫌いだと自覚できたことと自分軸が明確になったことで方向性が明確になり、活かし方もわかったことで人生が一変した」と話してくれました。

事例2 1年足らずでやりたいことだけをやる会社員に

事務職からオリジナル講座を複数企画運営するプロへ激変した会社員のMさん（50代女性）の事例です。

Mさんは会社員として、社員から届く大量の問い合わせメールを処理する仕事をしていました。20年以上勤務していて上司からは企画業務を打診されているのに、自信がなく自分には無理だと思い込んでいたそうです。

来る日も来る日も大量の業務に忙殺されている中で、コーチングに出合いました。会社を辞め、コーチとして独立起業したいと思うようになり、コーチングやビジネスの勉強をしたものの、一向に芽が出ず、セミナージプシーとなっていました。

人当たりの良さと何でもそつなくこなせる能力の高さから、器用貧乏であることをご自身も自覚されていたものの、どうしたら自分を活かしてやりたいことを仕事にできるかがわからず悩まれ、わたしの講座を受講されました。

講座の中で、「挑戦」という自分軸を発見したこと、「自分は個人で仕事をするよりも、会社の中でこそ強みを発揮できる」という才能を認識できたのです。そこで、起業ではなく社内でやりたいことをやろうと決意し、幹部社員向けのコーチング講座を、わたしと二人三脚で作り上げ提案したところ、採用されました。

はじめて開催した講座は大好評で、受講生の変化・成長が目覚ましいことから、Mさんの存在感が社内で一気に高まり、講座運営担当に抜擢。

今では次々とオリジナルの講座を開発提案しているだけでなく、子会社からも「研修は外注していたが、今後はMさんにお願いしたい」という発注も得るようになりました。社外で講演をしたり、後任講師を育成したりと、八《はち》面《めん》六《ろっ》臂《ぴ》の大活躍をされています。

「自分軸がわかってから1年も経たないうちに、会社でやりたいことしかやっていない、という生活に激変しました」と喜ばれています。

第3章

器用貧乏さんのための自分軸の見つけ方

もう「自分軸探し」は卒業！ サクッと簡単に自分軸を発見しよう

器用貧乏さんは多才で多方面の経験があるがゆえに、そつなくいろいろなことがこなせてしまいます。360度すべての方向をキラキラと輝かせることができるミラーボールのような存在だと例えました。多面体でさまざまな輝きを放つその姿は、他人から見るとたくさんの可能性を秘めているのに、当の本人は、自分には何もない、と自己否定感を強く持っています。

その理由は明らか。**ミラーボールの回転を他人に任せてしまっているから**です。

あなたには、あなただけの軸が必ずあります。

自分を否定せず、本来の輝きを自分で活かしていくには、ミラーボールを理想どおりに、思うままに回転させるための「自分軸」が必要です。

そういうお話をすると、必ずといっていいほどこんなふうに言われます。

「頭では自分軸の大切さはわかっているけど、見つけ方がわからない」

「自分軸の発見方法って何だか難しそうで気後れする」

「とにかくたくさんのワークや質問に答えないといけないんでしょ？」

いえいえ、そんなことはありません！

自分軸は15分あれば発見できる

今までも強み発見や自己理解、自分軸探しは散々やってきた、という方にとっては「また自分軸探し？」と思っているかもしれませんね。

今からご紹介するたった2つのワークで、自分軸を見つけられます。

時間にして15分程度のワークですから、空いた時間に気軽にチャレンジしてみてください。

ワーク1

自分のタイプを知る

ミラーボール型の器用貧乏さんから、ピンスポット型の才能長者さんへ変わるための第一歩は、自分がどんな「器用貧乏タイプ」なのかを知ることです。次の質問に答えるだけで、あなたがどんな器用貧乏タイプなのかを知ることができます。

4つの器用貧乏さんタイプ診断

次ページの図のSTARTの質問から順に、YESかNOで回答していきましょう。あまり時間をかけずに直感で答えてください。もし、判断に迷う場合は、強いていえばこっち、という感じで進めていきましょう。サクサクと答えていくにはタイマーで1分間、時間をセットしてからスタートするのもオススメです。

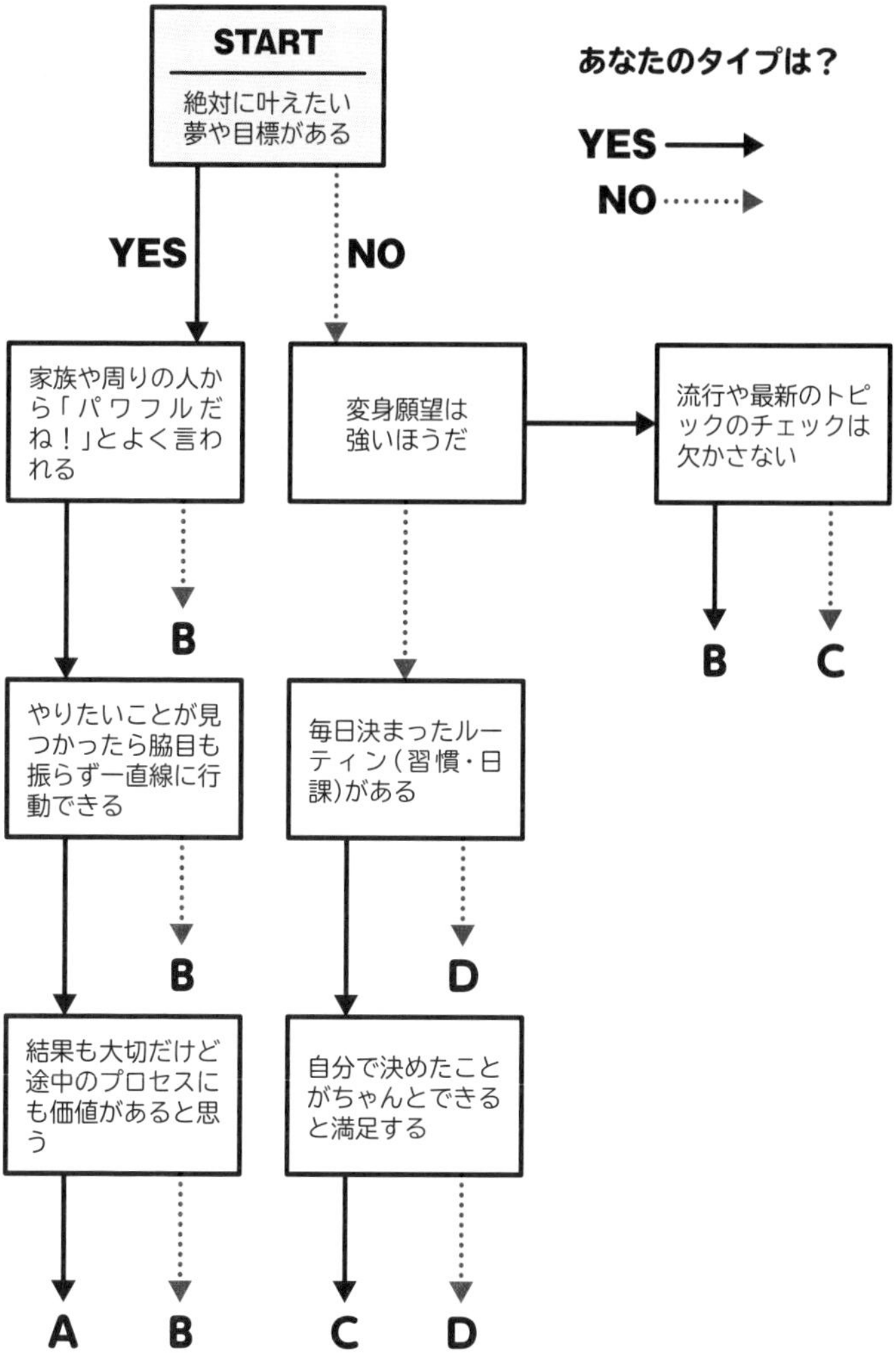
START
絶対に叶えたい夢や目標がある
あなたのタイプは？
YES
NO
YES
NO
家族や周りの人から「パワフルだね！」とよく言われる
変身願望は強いほうだ
流行や最新のトピックのチェックは欠かさない
B
B
C
やりたいことが見つかったら脇目も振らず一直線に行動できる
毎日決まったルーティン（習慣・日課）がある
B
D
結果も大切だけど途中のプロセスにも価値があると思う
自分で決めたことがちゃんとできると満足する
A
B
C
D

いかがでしたか？　ＡＢＣＤのうち、どれになったでしょうか。

さっそくＡから順に、タイプ説明をしていきます。

Ａ 夢や目標に向かって一直線！　パワフルな行動派「イノシシタイプ」

目標が決まれば一直線に行動できるタイプ。動物に例えるなら、脇目も振らずに猛スピードで猪突猛進するイノシシのようなパワフルさが特徴です。

夢中になると徹夜してでも実現させようとするあなたの行動力や意志の強さに憧れを抱いたり、ひそかに尊敬している人も多いことでしょう。

でも頑張って熱中するがあまり、周りが見えなくなってしまい、すれ違いやコミュニケーション不足による対人関係のトラブルを抱えてしまうことも。


自分にどういう役割（父母、夫妻、パートナー、子ども、きょうだい、上司、同僚、部下など）があるのかを知り、その役割ごとに、自分だけでなく、家族や大切な人のことも含めた理想の未来を描いた上でやることを決めていくと、今まで以上に夢の実現や目標達成がグンと近づきます。

B 流行に敏感でやるべき行動を見つけるのが得意な「カメレオンタイプ」

情報収集が得意で新しいものやトレンドに敏感なあなた。動物に例えるなら、周りの状況にうまく自分を合わせられる適応能力抜群のカメレオンのようです。目標達成のために常にベストな方法を探し出すのが得意なので、周りの人から頼りにされることも多いでしょう。

でも、時に情報過多になり自分を見失ったり、あれもこれもと手を出してやることがコロコロと変わるので、周りの人が振り回されてしまうかも。

自分が何をやりたいのか、将来どうなりたいのか、何を大切にしたいのかを人に伝えるようにしましょう。言葉や絵などで表現できるようになると、周りから共感され、応援されながら理想の未来を手にすることができます。

C コツコツと行動することが安心感につながる「ミツバチタイプ」

コツコツと努力することが苦にならないどころか、かえって安心感を持つあなた。動物に例えるなら、毎日せっせと蜜を集めて飛び回る働き者のミツバチのような存在です。周囲から「真面目」だと思われることも多いのではないでしょうか。

一方で、突然の変更やアレンジが苦手で、集中力が切れたり、とっさの判断ができないため、気がきかなくて対人関係でトラブルになることも。

自分に自信が持てず、誰かに褒められても素直に受け取るのが苦手。自分に厳しく理想が高い部分もあり、できていることとそうでないことのギャップで自分を責めてしまいがちです。

また、何をしたらいいのかわからず不安になって、目につくものをあれもこれも試してしまい収集がつかなくなる一面もあります。

毎日のルーティン（日課）を決めて、日々コツコツと実行すれば自己効力感（やればできるという自信）が得られ、大きな成果につながります。

D 自分の世界を持っていてみんなから愛される「パンダタイプ」

「人は人、自分は自分」と自分の世界を持っていて、自分ならではのこだわりを持ち、しっかりと貫ける意志の強さを持っているあなた。周りから「マイペース」だと言われることも多いのではないでしょうか。動物に例えるなら、愛されキャラ・ナンバーワンのパンダのような存在です。その個性的な立ち居振る舞いから、一目置かれる存在でしょう。

毎日決まった予定をこなすことで安心感を持ちますが、一方で先々のことを考えるのが苦手です。計画の立て方もよくわからなくて、手帳やスケジュール帳を買っても、うまく使いこなせていないかも。

あまり先々のことを考えたり計画するよりも、毎日の充実度を今以上にいっそう高める工夫をしてみましょう。日々の幸せの延長線上に未来の幸せが待っています！

器用貧乏タイプの説明を読んで、どのように感じましたか？

一概に器用貧乏といっても、実際はさまざまなタイプがあります。自分の器用貧乏タイプがわかれば、自分がどんな個性を持っているかもつかみやすくなります。

ワーク2

4色ボールペンで「自分軸」を見つけよう

必要なもの…4色ボールペン（または普通の黒ペン）

それでは、2つ目のワークに進みましょう。


わずか10分！

4色ボールペンがあれば自分軸は見つけることができる

方法はたったの4ステップです。

お手元に4色ボールペンをご用意ください。黒1色のペンしかなくてもワークはできますが、見づらくなるので、その場合は○△□の記号を使っていきます。

次のページにあるワードリストを使います。

本物　名誉　イマジネーション　影響　改善
改良　連絡　インパクト　創意　指示　鼓舞
発明　発見　学ぶ　配置　愛　聡明　壮麗
世話　前進　観察　独創　打ち勝つ　認める
完璧　説得　計画　設計　ゲーム　喜び　優勢
卓越　準備　普及　首位　最高　探求　輝き
洗練　統治　反応　規則　得点　感覚　感性
感情　官能　奉仕　基準　性　同情　思索
精神　刺激　支援　合成　未知　未来　スリル
想像　触れる　暴露　勝負　共鳴　共感
勇敢さ　大胆　協調　真実　本質　研鑽
パワー　再生　工夫　前人未到　初めて
達成する　サポート　引きつける　安心
豊かさ　心地よい　目的　育成　過去　現在
未来　戦略　憧れ　知的　清い　ダイナミック
タイムリー　ときめく　ワクワク　有名　余裕

つながり　友情　愛情　平穏　安らぎ　競争
勝利　勤勉　真面目　努力　忍耐　名誉　名声
評価　成功　達成感　いたわり　思いやり
協力　調和　挑戦　冒険　忠実　貢献　成長
向上心　公平　正義　自由　平等　熱意　真剣
慎重　正確　自然体　ありのまま　謙虚　感謝
プライド　誇り　伝統　歴史　革新　創造
礼儀　尊敬　正直　誠実　純粋　信頼　美しさ
感動　ユーモア　笑い　規律　ルール　責任
時間　お金　到達　獲得　熟達　熟練　冒険
変化　覚醒　集合　援助　魅力　増加　楽しさ
自覚　気づく　保証　快楽　統合　存在　情熱
一緒　ベスト　美　至福　築く　原因　理解
危険　統計　探知　献身　見極め　区別　支配
教育　優美　奨励　寄付　エネルギー　啓蒙
優秀　優越　高揚　専門　家族　賭け
華々しさ　上品　授与　偉大　神聖　真正

● **1回目**

4色ボールペンの中から、1番目に使いたい色を選択してください。選択したら、タイマーを「3分」にセットします。

タイマーを開始し、リストにあるワードを見て、気になるワード、目に止まったワード、好みのワードすべてに◯をします（黒1色の場合も同様に、◯をつけます）。いくつ◯をしても構いません。

● **2回目**

2番目に使う色を選択し、タイマーを「2分」にセットします。1回目に◯をしたすべてのワードから「10個」に絞り、◯（黒1色の場合は、△）をつけます。

● **3回目**

3番目に使う色を選択し、タイマーを「1分」にセットします。

2回目に◯をした10個のワードから「3個」に絞り、◯（黒1色の場合は、□）をつ

記入例

つながり　友情　愛情　平穏　安らぎ　競争
勝利　勤勉　真面目　努力　忍耐　名誉　名声
評価　成功　達成感　いたわり　思いやり
協力　調和　①挑戦　冒険　忠実　貢献　成長
②向上心　公平　正義　自由　平等　熱意　真剣
慎重　正確　自然体　ありのまま　謙虚　感謝
プライド　誇り　伝統　歴史　革新　創造
礼儀　尊敬　正直　誠実　純粋　信頼　美しさ

けます。

● **4回目**

最後に残った色を使います。タイマーを「10秒」にセットし、3回目で選んだ3つのワードに「1位」「2位」「3位」の順位をつけます（黒1色の場合も同様）。

どんな3ワードを選びましたか？普段目にしている馴染みのワードだったかもしれませんし、もしかしたら今回はじめて出合ったワードかもしれませんね。

この3つのワードが、今のあなたを支えている「自分軸」です。

実例紹介

ここで、わたしが主宰している講座アシタノコンパスⓇの受講生が選んだ自分軸ワードをご紹介します。1位から3位まで順番に記載していきます。

事例① 30代女性 認定講師養成講座主宰 Aさん

1位 成長／2位 感謝／3位 家族

とある地方の中核都市に住むAさんは、結婚、妊娠、出産を機に、子育てに専念するため退職し、専業主婦として長年生活されていました。子どもが成長し手が離れつつあるので、再び何か仕事を始めたいと考えていたときに、わたしと出会いました。

Aさんは、家事も育児も何でもひととおりのことは長年やってきたけれど、突出した個性や強みがないのが悩みの器用貧乏さん。かつて、子育て中に手作りしていた無添加おやつが、子どもや友人たち、周りの人から大変好評だったことから、こだわりの材料を使ったお菓子作りを教えて認定講師を養成する講座を立ち上げました。今では数多くの受講生に、自らの技を伝承しています。

自分も我が子も受講生も成長することが生きる喜びとなっているAさん。自分軸ワードにも表れています。

事例2 20代女性 パート勤務中の2児の母 Bさん

1位 家族／2位 ありのまま／3位 思いやり

家族4人で生活しているBさんは、夫が激務のため、ほぼワンオペで2人の子どもを育てながら仕事をしています。本当は学生時代に取得した国家資格を活かしてフルタイム勤務がしたいのですが、子育てを優先するため、子どもと過ごす時間を確保したくてパート勤務をしています。

Bさんは、生活そのものに厳格なルールを定めている器用貧乏さんで、シーツは毎日取り替えて洗濯、食事も必ずすべて手作りをするという徹底ぶり。自分軸ワードにも、大切にしたいことが顕著に表れている方です。

事例③ 40代女性　アルバイト、起業準備中の1児の母　Cさん

1位　本質／2位　探究／3位　向上心

知人の仕事を手伝いつつ、近々起業するために準備に専念しているCさん。自分に必要だと思えば何でも学び、実践し、自己投資の金額も100万円超えというパワフルな方です。

どんなことでも少し学んだら要領が会得できるので、何でもそつなくこなしますが、いざ起業するとなると「自分の強みがわからない」という悩みを抱えてわたしの元に相談に来られました。非常に理知的で頭の回転の速いCさんらしい自分軸ワードです。

事例4 40代男性 会社経営者 Dさん

1位 感謝／2位 成功／3位 お金

かつては有名なアスリートであり、指導者でもあったDさん。アスリート時代は個人競技だったので黙々と自分の心身を鍛え磨くことに専念すればよかったのですが、親が一代で築き上げた会社に入社し働くことになり、ほどなくして事業を継承することとなりました。

イチ会社員からいきなり数十人を束ねる社長として業務を行うこととなり、複雑な引き継ぎや税務・法務などの継承処理、これまで上司や同僚だった社員たちと立場を変えてのコミュニケーション、顧客や地域有力者への挨拶など、チームワーク形成に自信が持てず、相談に来られました。Dさんの自分軸ワードは、未来の自分に対する重要事項が含まれています。

事例 5

40代女性 ヨガインストラクター Eさん

1位 調和／2位 自然体／3位 創造

いつかは食と生き方とヨガを融合したサービスで起業したいと準備をされているEさん。自然と人間が一体化することへの強いこだわりがある方です。自分軸ワードにも表れています。

事例 6 50代女性 炭焼き職人 Fさん

1位 信頼／2位 誠実／3位 創造

生まれ育った東京を離れ、地方の里山で暮らしながら炭焼き職人として仕事に励むFさん。その土地ならではの独特な風習や人付き合いに戸惑いながらも、雄大な自然に癒やされていると話してくれました。

炭焼き職人としての活動を応援し、支えてくれる人たちや地域での振る舞いが表れている自分軸ワードです。

6名の受講生の自分軸ワードをご紹介しました。皆さんの個性や大切にしている思いが手に取るように伝わってきますね。

受講生の皆さんはそれぞれ年代も性別も職業も異なりますが、それぞれの立場にぴったりの自分軸ワードを選択されています。ワークをしたときは、皆さん一様にあまりの「自己一致感」に驚きながらも、自らの選択に深く納得していました。

見つけた自分軸が教えてくれること

ちょっと想像してみてください。これまでの人生の中で、あなたが選んだ自分軸ワードが当てはまるときには「自分らしさ」や安心を感じていませんでしたか？

反対に、これらのワードが当てはまらないときの選択や決断は、違和感があったり納得できないものではなかったでしょうか。

実はわたしたちは普段から、意識していなくとも、判断や決断、選択を、一定の基準によって行っています。それは言語化されることはほとんどなく、無意識で行っています。

先ほどのワークで選んだ3ワードも、あなたの境遇や意志、希望を体現しています。

つまり、**今までの決断は自分軸が土台になっていた**と言えるのです。

第4章

自分軸の賢い活かし方

7つのワークだけ！自分軸ワードを活用して人生を変えよう

器用貧乏さんが才能長者さんへ変化するためには、多彩な才能を自分主体で活かしていくための「自分軸」があればいい、とここまでお伝えしてきました。

ですが、残念なことに、**自分軸が「わかっただけ」では器用貧乏さんのまま**。変化することはありません。では、どうすればいいでしょうか？

答えは「**行動する**」ことです。才能長者となり人生を変えるには、発見した自分軸を活かした行動をする必要があります。

ここからは、あなたが発見した3つの自分軸ワードを生活の中で活かしていく方法をご紹介していきます。たった7つのワークをするだけで、明日から行動が変わります。まずは行動の第一歩として、ぜひ紙とペンを用意して読み進めてください。

ワーク1

人生の満足度を見える化する
ライフチャート

必要なもの…紙、ペン
ワークシートのダウンロードは226ページ

いきなり行動しようとしても、何をすればいいかわからなければ闇雲に動いてしまい、無駄足を踏むことになります。器用貧乏さんは何でもある程度こなせてしまうため、間違った方向に進んでいても気づきにくいのです。

それを防ぐために、**行動する前に必ずやってほしいのが、現状を理解すること**です。

ここでは「人生の満足度を見える化する」ワークに取り組んでいきましょう。

人生は、次に示す8つの側面で構成されていると定義しています。

人生を構成する8つの側面

①自己成長／学び
②楽しみ／娯楽／趣味
③生活環境（衣食住、持ち物、通勤、職場環境など）
④健康・美容（体調、病気、節制、ダイエットなど）
⑤仕事／他者への貢献
⑥お金・資産・財産
⑦大切な人（家族、伴侶、恋人、友人、師匠など）
⑧奉仕活動（ボランティア、助け合い、慈善事業など）

人生は、「仕事」や「お金」といった1つの側面だけでなく、生活やプライベートなこと、他者の存在など、さまざまなことが入り混じって複雑に構成されています。この8つの代表的な側面を具体的に考えるワークが「ライフチャート」です。

記入例

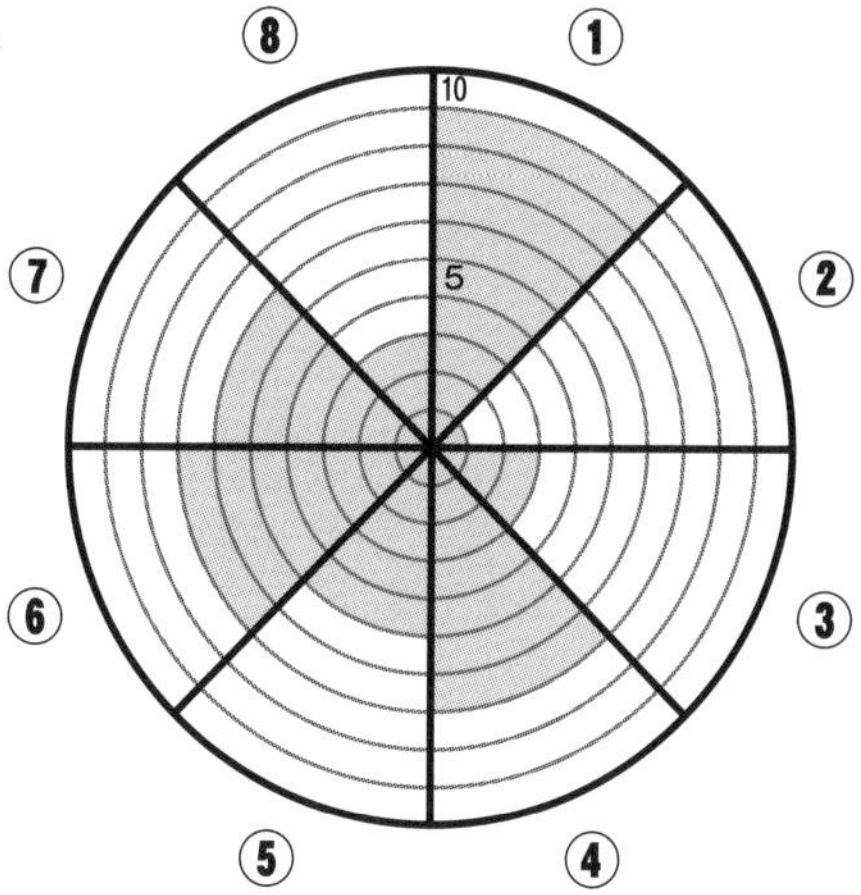

手順1 点数をつける

まず、次ページにあるライフチャートシートの8項目について、現時点の満足度を記入していきます。

ワークシートの中央が0点で、1つの横線ごとに1点加算され、一番外側が10点（満足度の最高点）です。上の【記入例】のように、つけた点数を塗りつぶしてみましょう。

時間は5分間で行ってください。あまり深く考えず直感でやってみましょう。

では、用意スタート！

ライフチャート

自分の人生を次の８つの分野から見て、
今現在の満足度を0〜10点の間で示してください。
制限時間：5分

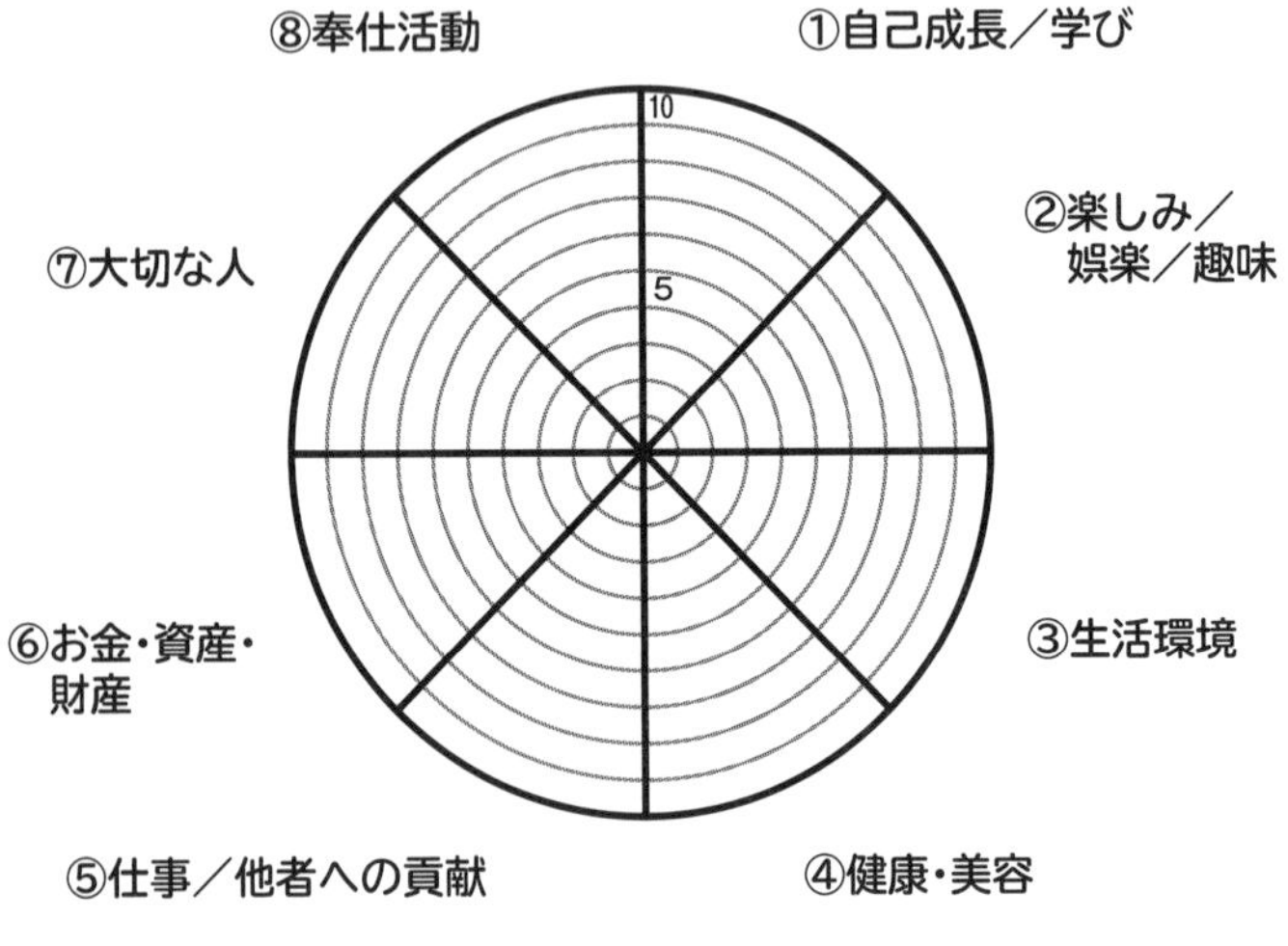

さて、いかがでしょうか？　全項目の点数づけができましたか？

ここで質問です。あなたは今までに、このように点数をつけたことはありますか？

おそらく大半の方が「ノー」だと思います。

では、はじめてなのにどうして点数をつけることができたのでしょうか？

実は、あなたは10点満点の状態を知っています。知っているから、満点に対して何点ほど足りない状態なのかという点数をつけられるのです。

ですが、知っているのは、あなたの無意識です。

意識領域と無意識領域

人間は、意識と無意識の両方を持っています。

さまざまな説がありますが、意識領域はおおよそ3〜7％程度に対し、無意識領域は93〜97％程度だといわれています。心理学などではこれを、海に浮かぶ氷山に例えて説明をすることがあります。

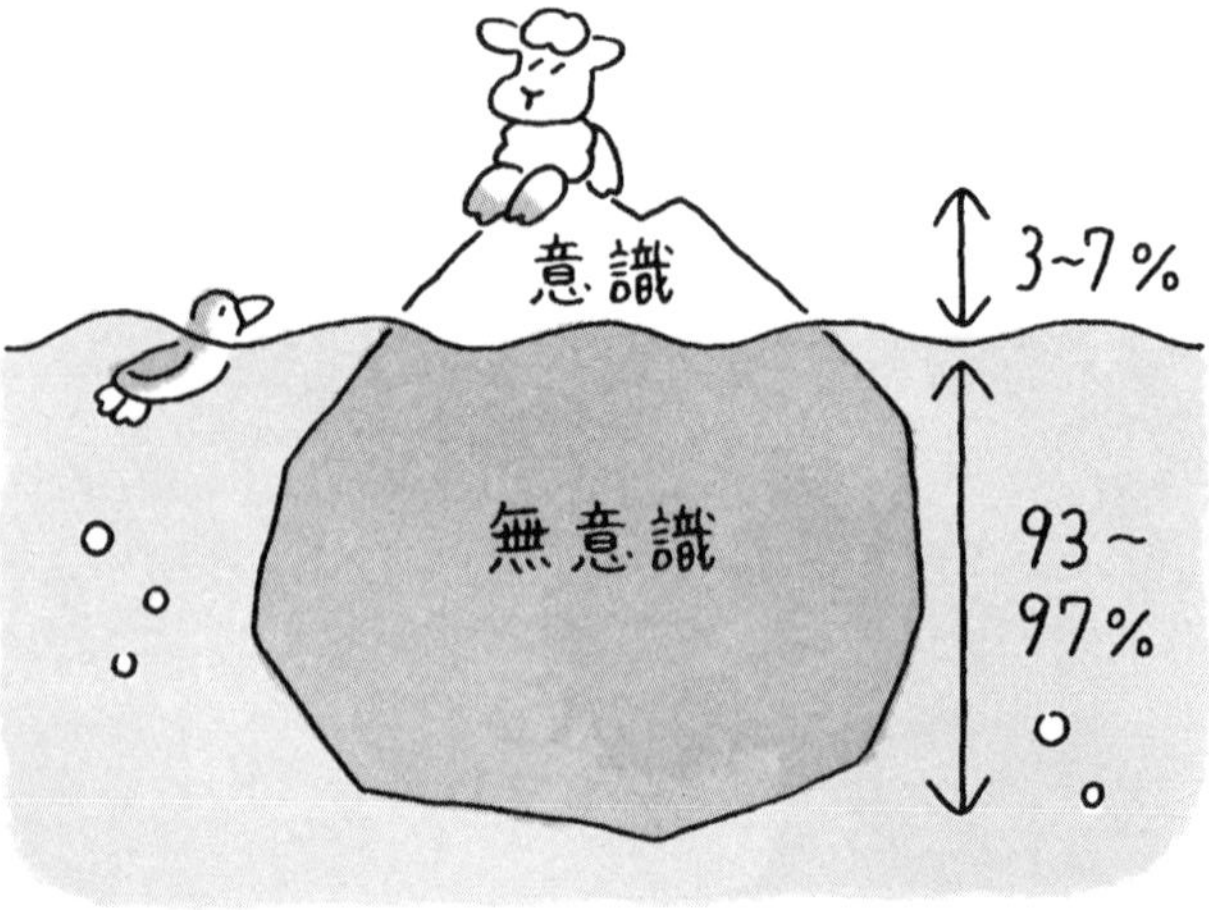

「意識領域」には、視覚・触覚・嗅覚・味覚・聴覚といった「五感」、記憶や感情、行動、学習などが含まれていて、コミュニケーションは意識領域がつくり出すといわれています。

一方、「無意識領域」は文字どおり意識しない、意識できない領域のことです。例えば、机の上にあるペンを取るのに「よし、今から右腕を動かして手を開いて、人差し指と中指と親指でペンをつまみ取るぞ」と思ったりせずに、ペンを取ろうと思っただけで、特に意識をしなくとも望む行動ができますよね。

このように、わたしたちが自覚できる領域というのは、まさに氷山の一角なのです。無意識領域は、意識領域をはるかに上回る能力を持っています。

第3章で自分軸ワードを出したときにも、ワークを通じて言語化したことで、今まで意識していなかったけれど、言われてみれば前から自分の行動や判断の基準になっていたと思い至ったのも、この無意識領域を意識化できたからです。

ライフチャートワークの話に戻ります。

ワークで点数づけしたときの土台となる10点満点の状態は、無意識領域すなわち意識できない領域なので、何もしなければ、10点満点の状態を自覚することができません。次は、**10点満点の状態がどんな状態なのかを明確にしていきましょう**。

手順2 満たされた状態を書く

10点満点の状態を具体的に書き出します。考えの元になるのは第3章で見つけた自分軸ワードです。人生の8つの側面すべての場面において、**自分軸ワードで満たされ**

た世界とは具体的にはどういうものなのかを書き表していきましょう。

先ほど点数づけしたライフチャートシートと同じ構成のシートを、次ページに用意しています。各項目が空欄になっているので、そこに記入します。**なるべく具体的に、4W1H（いつ頃、どこで、誰と、何を、どのように）を用いて書き込んでいきましょう**。

例えば、自分軸ワードが、1位 挑戦／2位 向上心／3位 研鑽《けんさん》で、①自己成長／学びについて記入するなら、「5年後に、カナダで開催されるＴＥＤカンファレンスにて英語で講演し、世界中の人々に自分が器用貧乏を脱し才能長者になるために挑戦してきた軌跡と、起業して多くの仲間と一緒に夢を叶えた経緯や、挑戦により得られた知見や気づきを伝える」といった具合です。

項目欄が小さくて書きづらい場合は、メモ用紙かノートを用意してそちらに書くようにしてください。

記入する際は、時間を測ったほうがテンポ良く進みます。1項目あたり5分を目安に書き進めていってください。準備はいいですか？　では、スタート！

ライフチャート

各項目の「10点満点」の状態を言語化してください。
できるだけ具体化することがポイントです。
目安時間：1項目あたり5分

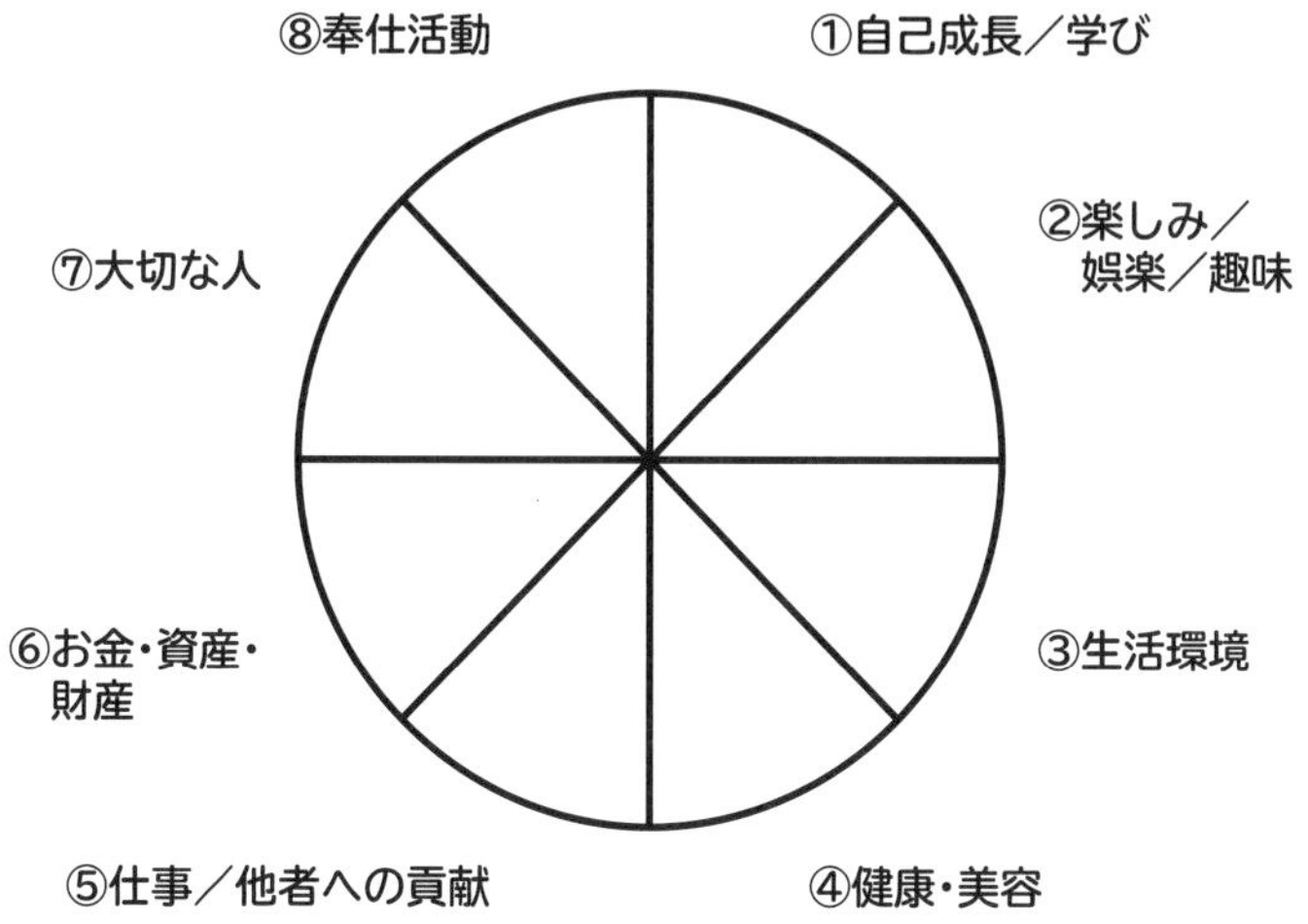

いかがでしょうか。具体的に書けたでしょうか？

①から⑦までは自分の欲や希望を書いていくので比較的容易ですが、⑧の奉仕活動について多く質問が寄せられるので、ここで解説をします。

奉仕活動の2つの側面

人生の大切な側面のひとつに、なぜ奉仕活動があるのか。それは、2つの側面から説明することができます。

1つ目は、私たちの**心身のバランス**という側面です。

ライフチャートの①から⑦までは、基本的に「自分」を主とした項目です。行動することによって自分の満足度を高め、充実感を増し、幸せにつながるものです。

こういった自分を満たす項目に対する行動というのは、脳にドーパミンやアドレナリンが大量に放出され交感神経が優位状態となり、脳に興奮状態をもたらします。

興奮状態が続くことで心身は常にフル稼働となり、結果、自律神経失調症を引き起こしたり、ひどい場合は、「バーンアウト」「燃え尽き症候群」と呼ばれる心の疾患を発症する可能性が出てきます。

こうした側面を鎮静化させるために、無私の心、利他の精神で誰かのために行う奉仕活動というのは、脳をリラックスさせる作用があります。副交感神経が優位となるため、心身のバランスを取るのに有効なのです。まさに「情けは人の為ならず」です。

2つ目は、**恩送り**という側面です。

たとえ自分だけの幸せのため、欲を満たすための行動であっても、何かを成し得るときには必ず誰かから教わったりして恩恵を得た存在があります。

例えば、学校なら先生や先輩、会社なら上司や関係部門、取引先、お稽古事なら師匠、家庭なら家族といった誰かの存在などです。常に自分以外の誰かとの関係やご縁によって変化成長することができています。

こうした環境の中で得た知見や経験、技術などを自分以外の誰かに、次の世代に、受け渡していくこと、自分がかつて得た恩恵を、次に恩送りしていくことが奉仕活動による大切な側面です。

「奉仕活動」と聞くと、被災地や災害地でのボランティア活動、寄付など、行動するのにハードルの高さを感じることもあるかもしれません。

けれども、先述したように、2つの側面を満たす行動ならば、どうでしょうか。お釣りの小銭を募金したり、近所の清掃活動に参加したり、使っていない日用品を無償提供したり、自分の知恵や経験を誰か次に続く人たちのために提供したりするなど、普段の生活の中でもできることはありませんか？

この解説を読んで、ぜひ10点満点の内容を見直し、加筆修正してみてください。

現時点の満足度と理想の10点満点がわかったら次にすること

第3章で見つけた自分軸ワードをもとに描いた**10点満点の状態と、現時点の満足度**

のギャップがどれくらいあるのか、引き算してみましょう。

例えば、⑥のお金・資産・財産について、現時点での満足度が3点だとしたら、10－3＝7点になります。この7点のギャップが埋まれば、あなたの自分軸を満たした理想の未来が実現するわけです。

実現のためには、いつまでにどんな行動をすれば埋まるのかを考えていきます。具体的な方法は本章の後半で説明します。

ワーク2

なりたい自分になる9ステップワーク

必要なもの…紙、ペン

ライフチャートワークを行うことで、10点満点の理想の未来を思い描くことができました。現時点の立ち位置もわかることで、目指す目標が明確になることが多いです。

ですが、ワークをしても今ひとつピンと来ていないならば、理想の未来がハッキリしていない可能性があります。その場合は**なりたい自分がどんな自分なのか**を、次の【9ステップ】で明確にしましょう。

すでに明確になっている場合は108ページのワーク3までスキップしても構いません。

ステップ1 好きなキャラクターを書き出す

まずは、童心にかえって、**好きなアニメやマンガの登場人物を思い出してみてください**。もちろん現在ハマっている作品でもOKです。

主人公でなくても脇役でも一瞬だけ出てきたようなキャラでも、あなたの心に残っている「あの人」を思い出し、ノートや紙に書き出しましょう。ずらっと書き連ねてみてください。**多ければ多いほどいい**です。20人くらい出せるとバッチリです！

ちなみにわたしは『ハクション大魔王』というアニメの最終回が特に大好きで、その中に出てくる魔王というキャラクターが大好きです。わたしのようにマニアックな感じで、どんどんこだわって思い出してみてください。

ステップ2　好きな理由を書き出す

次に、「そのキャラクターが好きな理由、惹かれる理由」を書き出します。強いから、いつも笑顔だから、おもしろいから、優しいからなど、あまり考えず直感で思い浮かぶ理由をどんどん書いてみてください。

ステップ3　キャラクターと自分を重ねてみる

好きなキャラクター全員分の理由をひととおり書き出せたら、ざっと全体を眺めてください。あなたが普段の生活でも気にしていることや、できれば持てたらいいなと思っているものがないか探してみましょう。これは自分にもあったらいいな、と思うものには、印をつけます。

ステップ4 キャラクターの要素から理想の自分を想像する

自分にあったらいいかもな、と思うものをさらに深めます。

- **すでにあるけど、今以上にいろんな場面で実感できたらいいか**
- **今はないけど、この先持てるようになったらいいか**

これらの2点を考え、**あったらいい要素を未来の自分が持っている姿をちょっと想像(妄想)してみましょう**。

今と違う自分が、将来どんなことをやったり、言ったり、人とかかわっているか。新たな要素が加わったら、今とは違う生活や、やってみたいことも出てくるかもしれません。

ステップ5　理想の一日を書き出す

あなたが本当にいいなと思う「理想の一日」を書き出してみてください。

文章でもいいですし、絵や、理想にぴったりの写真や雑誌の切り抜きなどを集めて大きな紙やボードに貼っていただく（作り方は177ページ参照）のでもOKです。

文章を書き出す際の注意点が2つあります。

まず、表現を「**肯定文**」で書くこと。「〜しない」といった表現は避けましょう。

例えば理想の生活が「お金を無駄遣いしない」であれば、まず、ポジティブな表現にしてみます。

お金を無駄遣いしない

↓

本当に必要なもの、大切なものだけを手にするために、生きたお金を使う

次の注意点は、「**時制を現在進行形にする**」ことです。

理想の生活を送っているあなたは、どこで、誰と、どんな生活を送っているでしょうか。妄想力全開で、書き出してみてください。

「理想の一日」の文章の例は、次のイメージです。

一年の半分は、海外にある別荘で過ごすことにしている。今週はハワイに所有しているコンドミニアムで過ごす。朝は6時に起床。ヨガの個人レッスンのため、自宅からすぐのビーチに向かう……。

ありったけの妄想をして、理想の生活が書けたでしょうか？

残念ながら、妄想や空想をしただけでは、理想は叶いません。**現実化するためには行動すること**。これ以外に方法はありません。

とはいえ、まだ実現していない「現在のあなた」が「理想のあなた」になって、未来の「理想の一日」を過ごすなんて、タイムマシンがなければ無理だ、どうやって行動すればいいんだ？と思っていませんか。

次のステップで実現できます！

ステップ6 理想の自分になって「先取り体験」をする

「理想の自分」が「未来」に行いそうなこと、例えば次に挙げる項目などを、実際に体験してみましょう。

理想の自分が未来に行いそうなこと

- 行きそうな場所
- 歩きそうな街
- 体験しそうなアクティビティ
- 乗りそうな乗り物

● 食べていそうな食べ物、飲み物

今の自分には、ちょっと背伸びしたり、お金が必要だったりするかもしれませんが、**実際に体験してみることが重要**です。

体験するときのポイントがひとつだけあります。それは、**すでに理想の状態を手に入れている前提で行動する**ということです。例えば、次のような感じです。

わたしが、成功して住んでいる街で、いつものとおり、通い慣れたカフェに行く。店に入ると、お気に入りの「グリーンスムージー」を注文する。

理想の状態になってからその場所へ行くのではありません。「わたし」も「成功して住んでいる街」も、「通い慣れたカフェ」「お気に入りの『グリーンスムージー』」も、

すべて〝今とは違う自分になっている前提〟でいいのです。

頭の中で妄想を全開にして、はじめての行動でも、当たり前のように振る舞ってみる。最初は気恥ずかしいかもしれませんが、意外と周りの人は気にしていませんので、堂々と。慣れてくると案外楽しいものです。

想像していることと実際の行動がつながって、新たなアイデアが湧いてくることもあります。未来の「先取り体験」を、ぜひ実践してみましょう！

ステップ7 手放したい自分を書き出す

理想の自分になるために、今の自分のキャラクターをどう変化させていきますか？今の自分に新しく持ちたいキャラを加えるとなると、かなりの多面体になりそうです。想像しただけで大変そうですよね。

それならば、「いい部分」を失わず「どうにかしたい部分」を手放していくほうがよさそうです。

「手放したい自分」を書き出しましょう。誰にだって自分が嫌な面、見たくない面、避けている面などがあります。勇気を出して自分と向き合い「書き出す」ことをやってみましょう。

書き出したら、書いたものをどうしたい気分になるか、自分に問いかけてみます。

「やっぱり見たくない！」となれば、実際に見ないようにするアクションを取ります。例えば、シュレッダーにかける、焼く（火事に注意）、ビリビリに破く、はさみで切り刻む、くしゃくしゃと丸めてゴミ箱に放り込む、黒のペンやクレヨンなどで塗りつぶすのもいいかもしれません。

実際のアクションを通じてネガティブな要素を手放すことで、「新しいあなた」が持ちたい、いい面を取り入れるスペースができます。部屋の断捨離と同じです。

今のまま無理になりたい自分になるよりも、一度「じぶん大掃除」をしてみましょう。

ステップ8 今の自分にできそうなことをする

理想の自分になるために、「今の自分にできそうなこと」を考えてみます。質の良い睡眠を取る、疲れたと思ったら無理せずこまめに休息を取る、ストレッチをする、糖分を控える、深呼吸をする、身体の力をゆるめる、などです。

ステップ9 できそうなことから順に行動する

いくつか考えたら、どれからならすぐにできそうかを考え、行動する順番をつけていきます。そして1番目から順に、コツコツとやっていきましょう！

9ステップまとめ

いいなと思う理想のキャラを取り入れたあなたが未来にいる、と想像して、その自分が過ごす「理想の一日」を、未来を先取りして実際に今、過ごしてみる。

そして、「じぶん大掃除」をして、空いたスペースに理想の自分をつくっていくために、すぐにできることを見つけ、コツコツとやっていく。

言われてみればそのとおり、なことだったかもしれませんね。しかしながら、「知っている＝できている」とはならないのが、私たちの現実です。

知っている

←

できる

←

やっている（習慣化できている）

というステップを踏んで、無理なく、寄り道せず、変化を楽しみながら、なりたい自分になっていきましょう。

ワーク3

欲に素直に向き合うWANTリスト

必要なもの…紙、ペン

どれだけ素敵な未来を想像しても、今までと同じ思考、感情、行動では、これまでの延長線上の未来につながります。新しい未来を手にするには、今までと違う思考、感情、行動に変えていくことが必要です。

今までと違う思考、感情、行動に変えていくために必要なこと。それは、**「欲」に素直に向き合うこと**です。欲は、自分の背中を押してくれる原動力になります。

これから、4つの「欲」を明確にしていきます。

- **欲しいもの**
- **チャレンジしたいこと**
- **理想の仕事、働き方**
- **美容や健康のために取り入れたいこと、改善したいこと**

この4つについて考え、次のページを参考に紙に書き出していきましょう。

誰にも言ったり、見せたり、話したりしなくてOKです。自分の「欲」に正直に、素直に、向き合いましょう。

欲が明確になってくると、叶えたい、手に入れたい、という気持ちが高まります。ですが時間は有限です。欲望にかられた勢いで行動してしまうと、大切な2つの有限資産を目減りさせてしまうことになります。

WANTリスト

●欲しいもの

●チャレンジしたいこと

●理想の仕事、働き方

●美容や健康のために取り入れたいこと、改善したいことどんな状況にあっても人類共通の有限資産が、世の中にはたった2つだけ存在します。それは、次の2つです。

- **一日が24時間であること**
- **人生には必ず終わりがくること**

どれだけ優秀であろうと、そうでなかろうと、富を得ていようと得ていなかろうと、一日の時間は誰にとっても平等に24時間しかありません。

それに加えて、人生は必ず終わりの時がやってきます。人類史上、死ななかった人は誰ひとりとして存在しません。

これら2つの有限資産を不用意に目減りさせてしまうことのないように、そしてこの先の時間を大切にしていくために、次のワークに取りかかっていきましょう。

ワーク4

人生の終わりから逆算して今をつくる「最期のイメージング」

必要なもの…紙、ペン

二度とない人生を実りあるものにするには、「命は有限である」という実感を得ることが大切です。

より良い人生を送るということは、すなわち、より良い最期を迎えること。素晴らしい日々の先にある最高の最期がどのようなものになるかを、なりゆきで迎えるのではいけません。今から想定しておけば、これから先の日々を充実したものにできます。ではワークを進めていきましょう。

3W1Hで場面を特定する

最高の人生を終えるそのときを、あなたは

- **どこで（Where）**
- **誰と（Who）**
- **何をして（What）**
- **どんなふうに過ごしている（How）**

のでしょうか。

最高の人生を終えるときというのは、理想の人生を生き切ったときであるとも言えます。ですから、病院でたくさんの管につながれたり、モニター音が響く病室で寝たきりのままその最期を迎えるとは限りません。

参考までに、わたしの受講生が描いた最期をいくつかご紹介します。

● **舞台俳優が描いた最期のイメージング**

出演した舞台の幕が下りた直後に倒れ、舞台上で最期を迎える。共演者は驚き、声をかけてくれている。幕の向こうではカーテンコールの拍手が聞こえる。

● **ママ起業家が描いた最期のイメージング**

海が見える高台に建つ高級老人ホームの個室のベッドの上で、夕食後のデザートと紅茶をいただきながら、昼間に来てくれた孫たちや子どもたちとの会話を思い出しながらそのときを迎える。

● **武道の元指導者で会社経営者が描いた最期のイメージング**

自宅の寝室で、布団に寝ている自分の周りに弟子や教え子たちが自分を囲んでくれている。顔の一番近くには妻と子どもたち、孫も見守ってくれていて、過去の自分の功績を話題に話しているのを、自分は何を言うでもなく聞きながら逝く。

あなたも、あなたが望む未来を生ききったのちに訪れる最期のときを想像してください。このワークを行うと、感情が高ぶり、涙があふれてくる方も多くおられます。どうか感情も味わいながら、記入を進めてみてください。

最期のイメージング

●どこで

●誰と

●何をして

●どんなふうに過ごしているか

五感で場面を特定する

3W1H（Where／Who／What／How）で特定した場面を、五感ではどう感じているのかをイメージして、次ページを参考に書いてみましょう。

- **そのとき、何が見える？**（視覚）
- **何が聞こえる？**（聴覚）
- **どんな香りや匂いがしている？**（嗅覚）
- **何か味わっている？**（味覚）
- **触れているもの、身につけているものの手触りや感触は？**（触覚）

イメージするには、場面を頭の中だけで描くのではなく、実際にポーズや体勢を取ってみると臨場感が高まります。可能であれば実際の場所に赴いてみてもいいですね。

最期のイメージング

●そのとき、何が見える？

●何が聞こえる？

●どんな香りや匂いがしている？

●何か味わっている？

●触れているもの、身につけているものの手触りや感触は？

人生の終わりから逆算して今をつくる

さあ、ここまで具体的にイメージをしてきました。気分はどうですか？　きっと満ち足りた気持ちや安堵感、安らかな気持ちになっていることでしょう。実際にこの最期を迎えられるとしたら、きっと幸せですよね。

ところで、あなたは、どうしてそんな最高に幸せな最期を迎えたいのでしょうか？　理由を考えてノートに書き出してみましょう。

おそらく本当の最期のときを迎えるのは、きっとまだ先のことでしょう。まだまだ時間はあるはずです。そうであるならば、先ほど考えた理想の最期を「今から」叶えてもいいのではないでしょうか。

実際に叶えるためには、何をすればいいのか書き出してみてください。最高の最期の瞬間のために、最高の毎日を今からぜひ実践しましょう。

最期のイメージング

●どうしてそんな最期を迎えたいのか

●実際に叶えるために、何をすればいい？

-
-
-
-
-
-
-
-

ワーク5

家族と自分の年表を作ろう

必要なもの…紙、ペン
ワークシートのダウンロードは226ページ

自分の最期をイメージできたら、そこから逆算して、今に向かって何がどうなるのかを、年表というカタチで表してみましょう。

手順1 自分の年表を作る

次の書き方を参考に、126ページの年表を埋めてみましょう。書き込むスペースが狭いので、ワークシートを印刷するか、ノートに書くのがオススメです。

書き方

①「寿命」欄に、【ワーク4】（112ページ）で取り組んだ最期のイメージを書き加えます。

②寿命は今から何年後に迎えるのが理想でしょうか？
50年後よりも先だとしたら、「50年後」欄に、寿命の手前をどんな状態で過ごしているかを想像して記入します。

③さらに逆算して、今から30年後、すなわち②の50年後よりも20年手前の段階では、どんな状況であるといいかを想像して「30年後」欄に記入します。

④さらに手前の、今から10年後の段階では、どんな状況であればいいかと想像して「10年後」欄に記入します。

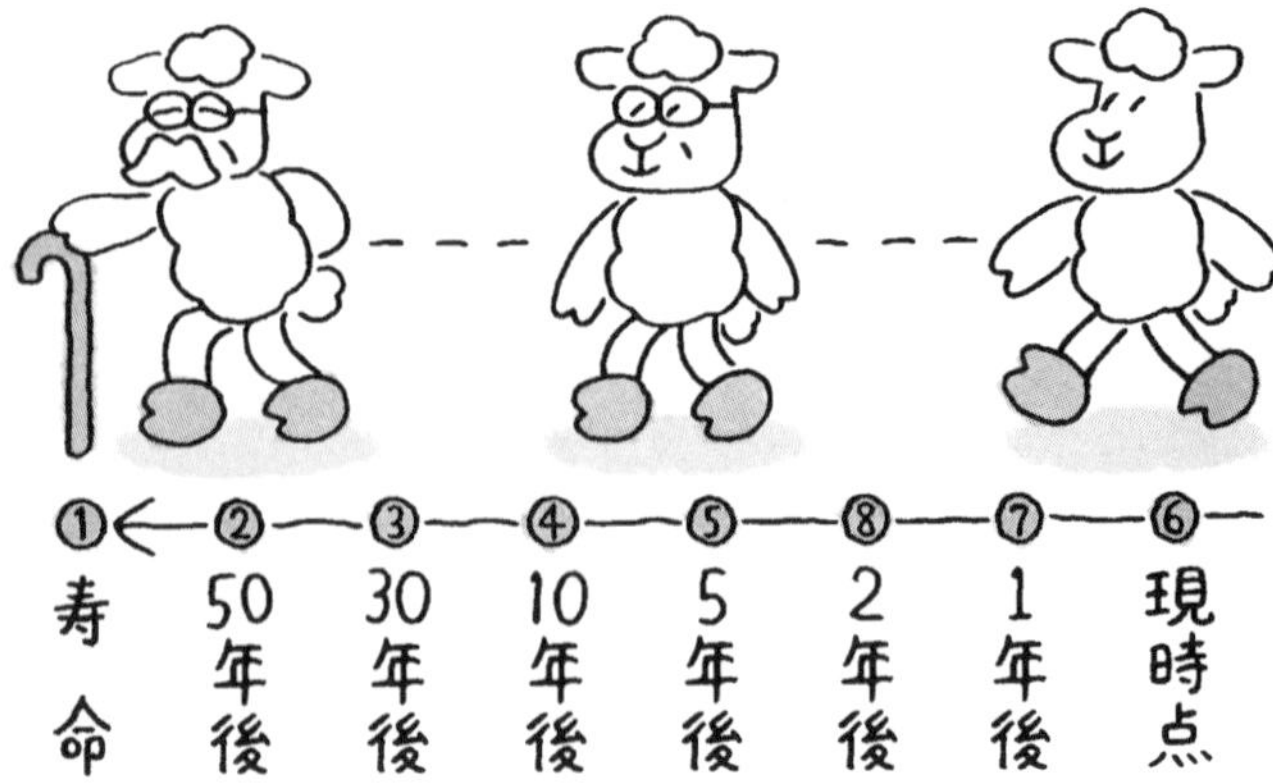

⑤さらなる手前の、今から5年後は、どんなことができていたらいいかを想像して「5年後」欄に記入します。

⑥ここからは一番下の「今年」の欄を記入します。

【ワーク1】（83ページ）の人生の満足度を見える化するライフチャートで記入した10点満点の未来に対し、今年中にどこまで点数をアップしたいかを、8項目それぞれの値ごとに記入します。

⑦1年後も、ライフチャートの8項目について、アップしたい点数を項目ごと

に記入します。

⑧最後は2年後の欄です。同じくライフチャートの8項目について、アップしたい点数を項目ごとに記入します。

手順2　家族の年表を作る

あなたの未来は、あなたひとりだけでつくられるものではありません。ご家族や大切な人との人生も、共に歩んでいくものです。

そこで、あなたが描いた年表のタイミングで、ご家族や大切な人たちが、どんな人生のタイミングを迎えるのかを、あらかじめ想定しておきましょう。

とはいえ、自分以外の人の人生がどうなるかは、自分のこと以上にわからないものです。

そこで、50年後、30年後に家族が迎える年齢を書いておくようにします。その上で、

「この年齢になるということは、おそらくこんなライフステージに差しかかっているのではないか」と想像して、仮の想定を書き込んでおきましょう。

想定でき得ることとしては、子どもの入学や卒業、入試や就職など。もしくは定年退職や引退、結婚や出産については、まったくの想像と希望として書き込んでおきます。

どうしてこういったことを書き込んでおく必要があるのか。それは、**自分の人生における大きなイベントやタイミングのときと、家族のライフイベントのタイミングが重なっていないかどうかを確認し、トラブルを未然に回避するため**です。

もしあなたが、これからの人生において、転職や起業などの新たなチャレンジをすることがある場合、物理的にも精神的にも相当な負荷がかかる可能性があります。

そのタイミングで家族の入学や卒業、入試などが想定される場合は、自分がやるべきことを前倒しして済ませておくか、もしくは後ろに延期することを検討する必要があるかもしれません。

自分の思いだけで突っ走ってしまうと、家族とのコミュニケーションがおざなりになってしまい、のちに大きな問題に発展しかねません。

実際に昔のクライアントで、大きなプロジェクトのために数年間仕事だけに没頭し、家族との時間をまったく取ることができなかった方がいました。その間、幼い子どもたちの育児や家事のすべてを家族に任せっきりとなり、ご家族は大変苦労をされたそうです。仕事を完了させたときには、離婚問題に発展してしまっていたのです。それは、ひとりやふたりではありませんでした。

備えあれば憂いなし。ぜひ事前に家族のライフイベントが発生しそうなタイミングをしっかりと確認しておきましょう。

2年後 ①自己成長／学び ②楽しみ／娯楽／趣味 ③生活環境 ④健康・美容 ⑤仕事／他者への貢献 ⑥お金・資産・財産 ⑦大切な人 ⑧奉仕活動	 点 点 点 点 点 点 点 点				
1年後 ①自己成長／学び ②楽しみ／娯楽／趣味 ③生活環境 ④健康・美容 ⑤仕事／他者への貢献 ⑥お金・資産・財産 ⑦大切な人 ⑧奉仕活動	 点 点 点 点 点 点 点 点				
今年 ①自己成長／学び ②楽しみ／娯楽／趣味 ③生活環境 ④健康・美容 ⑤仕事／他者への貢献 ⑥お金・資産・財産 ⑦大切な人 ⑧奉仕活動	 点 点 点 点 点 点 点 点				

自分と家族の年表

	自分	家族			
		子ども	パートナー	両親・親族	義両親・親族
寿命					
50年後					
30年後					
10年後					
5年後					

ワーク6

自分軸ビギナーのための「緊急重要×好き得意」分類タスク整理術

必要なもの…ペン、ふせん（紙）

思いっきり未来に時間軸を伸ばしてイメージをしたあとは、現時点に戻ってワークを進めます。ここでは、器用貧乏さんから才能長者さんへ変わるために、自分軸にもとづいた理想の未来に向かって、いつまでにどんな行動をすればよいのかを考えていきましょう。

ここで注意してほしいのが、**やるべきことを実際の行動に移すためのタスクを管理することが重要**だという点です。あなたは普段、タスクをどのように整理していますか？

大切なのは「優先順位」と「やらないこと決め」

タスクの整理法で有名なのは、『7つの習慣』の著者のスティーブン・R・コヴィー博士が考案した、物事を緊急度と重要度の2軸で分類する方法です。

わたしも会社員時代に受けた研修でこの分類法を知り、仕事のタスク管理で実践していました。しかし数カ月で挫折してしまった苦い経験があります。

どうして挫折してしまったのか。それは、いかに緊急度と重要度が高いタスクであっても、それを実行することに対しての心理的な抵抗感が強く、つい先延ばしにしてしまうことが頻発したからです。

そこで出合ったのが、**タスクを「好きか嫌いか」「得意か苦手か」で分類する**手法です。この手法を聞いた瞬間に、心理的な抵抗感の根底にあるのは、そのタスクが緊急で重要だと頭では理解できていても、わたしにとって苦手で嫌いだったからだ！と気づきました。

人間というのは感情の生き物です。ロジカルに冷静に判断することはできても、実際に行動するには理由が必要です。その理由を、感情を加味することで、行動へと結びつける工夫があればいいのです。
それでは実際にタスク分類法について説明していきます。

手順1 タスクを1つずつ、ふせんに書き出す

やるべきタスクを1枚のふせんに1つずつ書き出していきましょう。ふせんではなくメモ用紙やノートに箇条書きにすると、思いついた順番で書いてしまうため、緊急度や重要度の高さが加味されないため整理が進みません。
また、カラフルなふせんに書くことによって、白いノートと黒いペンのモノトーンよりも脳が刺激されます。

ふせんにタスクを書き出す前に、ふせんの粘着のりがついていない側の右端に「縦線」を1本引きます。次に、できた枠を上下2分割するように「横線」を引きます。これは【手順2】で分類のマークを書き入れるときに使います。左ページの書き方を参考にしてください。

書き方

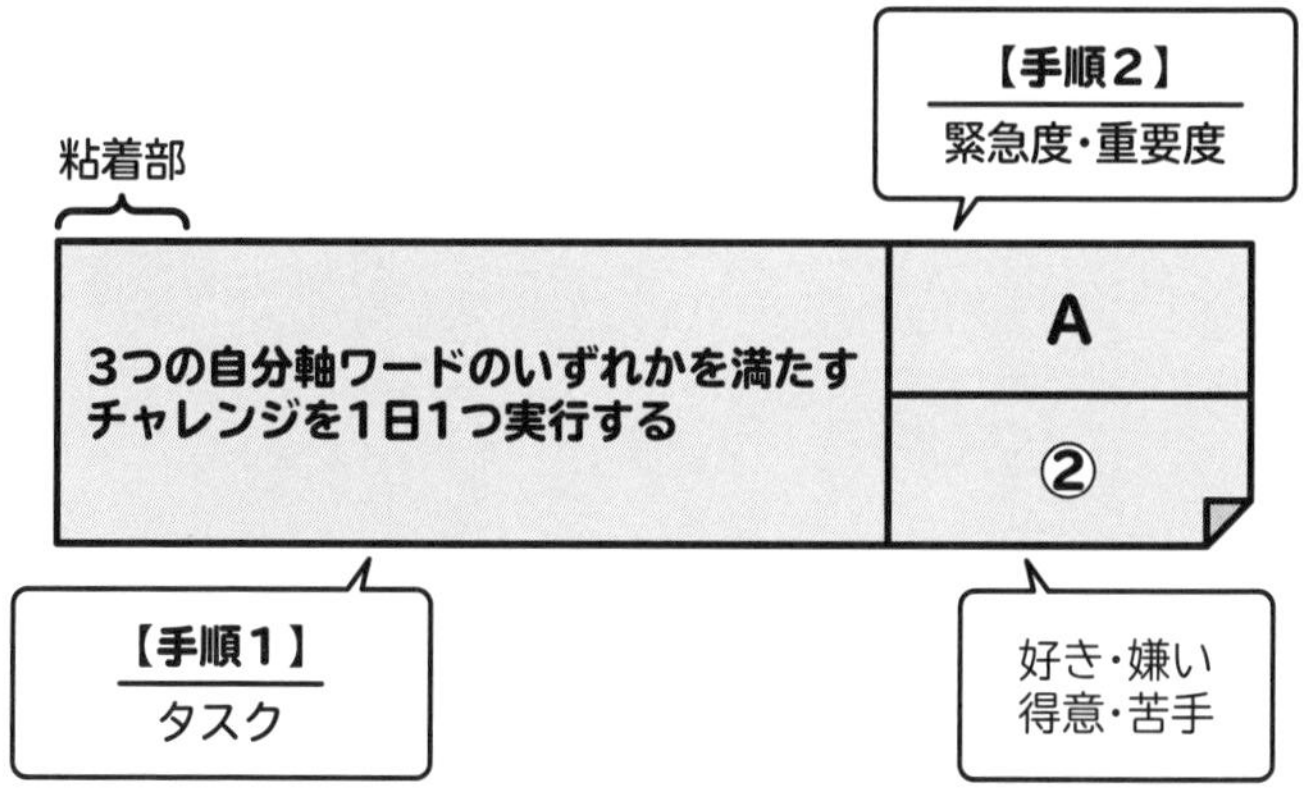

タスクの書き方は、まず**逆算で「状態」を書いていきます**。例えるなら、登山の頂上から1つ手前の9合目、8号目、7号目と戻りながらスタートの登山口までのルートを書き出すイメージです。

本章のライフチャートワーク①の記入例（90ページ）をサンプルに説明します。

まず頂上（＝ゴール）は「5年後に、カナダで開催されるTEDカンファレンスにて英語で講演し、世界中の人々に自分が器用貧乏を脱し才能長者になるために挑戦してきた軌跡と、起業して多くの仲間と一緒に夢を叶えた経緯や、挑戦により得られた知見や気づきを伝える」です。

この状態を叶える直前の9合目はどんな状態かを考えます。例えば、次のように書き出していきます。

- 9合目「カナダへの渡航準備や講演台本などのすべての用意を終えて、日本を出発し現地に行く」
- 8合目「TEDへの登壇が確定し、宿泊先や飛行機チケットなどの手配が完了」
- 7合目「TED登壇の申し込み手続きを行う」「手続き方法を調べる」
- 6合目「TEDで語るべき内容をまとめる」「所定時間内に収まる台本にする」
- 5合目「年商1億円を達成」「達成するまでの挑戦の行動や記録を整理する」
- 4合目「独立起業する」「ビジネスでコミュニティをつくり、仲間を増やす」
- 3合目「ビジネスをつくる」「副業で給料以上の収入を得る」
- 2合目「才能長者の能力を強みに変える」「ビジネスの勉強をする」
- 登山口「才能長者に変わる」

各合目の状態が書けたら、さらに細分化した行動をふせんに書いていきましょう。

ここからは順算のほうが書きやすいです。

この場合、登山口（＝スタート）は「才能長者に変わる」ですね。これを実現するために必要となる具体的な行動を考えます。

「才能長者に変わる」ための行動（例）

- **3つの自分軸ワード（挑戦・向上心・研鑽）のいずれかを満たすチャレンジを1日1つ実行する**
- **自分軸ワードを手帳に書いて常に見るようにする**
- **毎日の行動を記録する**

手順2 ふせんを分類する

タスクをすべてふせんに書き出したら、分類をしていきます。

分類の類型は「重要度と緊急度」と「好き・嫌いと得意・苦手」の4軸です。

緊急度と重要度

Ⓐ緊急で重要（急を要し、かつ自分にとっての重要度が高い）
Ⓑ緊急だが重要でない（緊急度は高いが、自分以外の誰かでもできること）
Ⓒ緊急ではないが重要（将来の自分にとっては重要だが、急ぐ必要のないこと）
Ⓓ緊急でも重要でもない（急ぐ必要がなく、かつ自分でなくともよい）

好き・嫌いと得意・苦手

①好きで得意（やることが好きで、質も担保できる）
②嫌いだが得意（率先してやりたいことではないが、割と苦なくできてしまうこと）
③好きだが苦手（やることは好きだが、質がほかの得意なことよりも劣る）
④嫌いで苦手（やりたくないし、質もほかの得意なことよりも劣る）

ふせん1枚ごとに、右端に引いた枠の上段にA～D、下段に①～④を書き込みます。

記入例

3つの自分軸ワードのいずれかを満たすチャレンジを1日1つ実行する	A	②
自分軸ワードを手帳に書いて常に見るようにする	C	①
毎日の行動を記録する	B	④

先の「才能長者に変わる」ための行動なら、上の記入例のように書きます。

例えば、「3つの自分軸ワードのいずれかを満たすチャレンジを1日1つ実行する」は、5年以内にTEDに登壇するためには、一刻も早く才能長者になる必要があるため、Aに分類します。さらに、目標のために行動するのは苦ではないので、②にあたります。

すべてのふせんを分類できたら、次ページの分類に従ってグループごとに仕分けします。

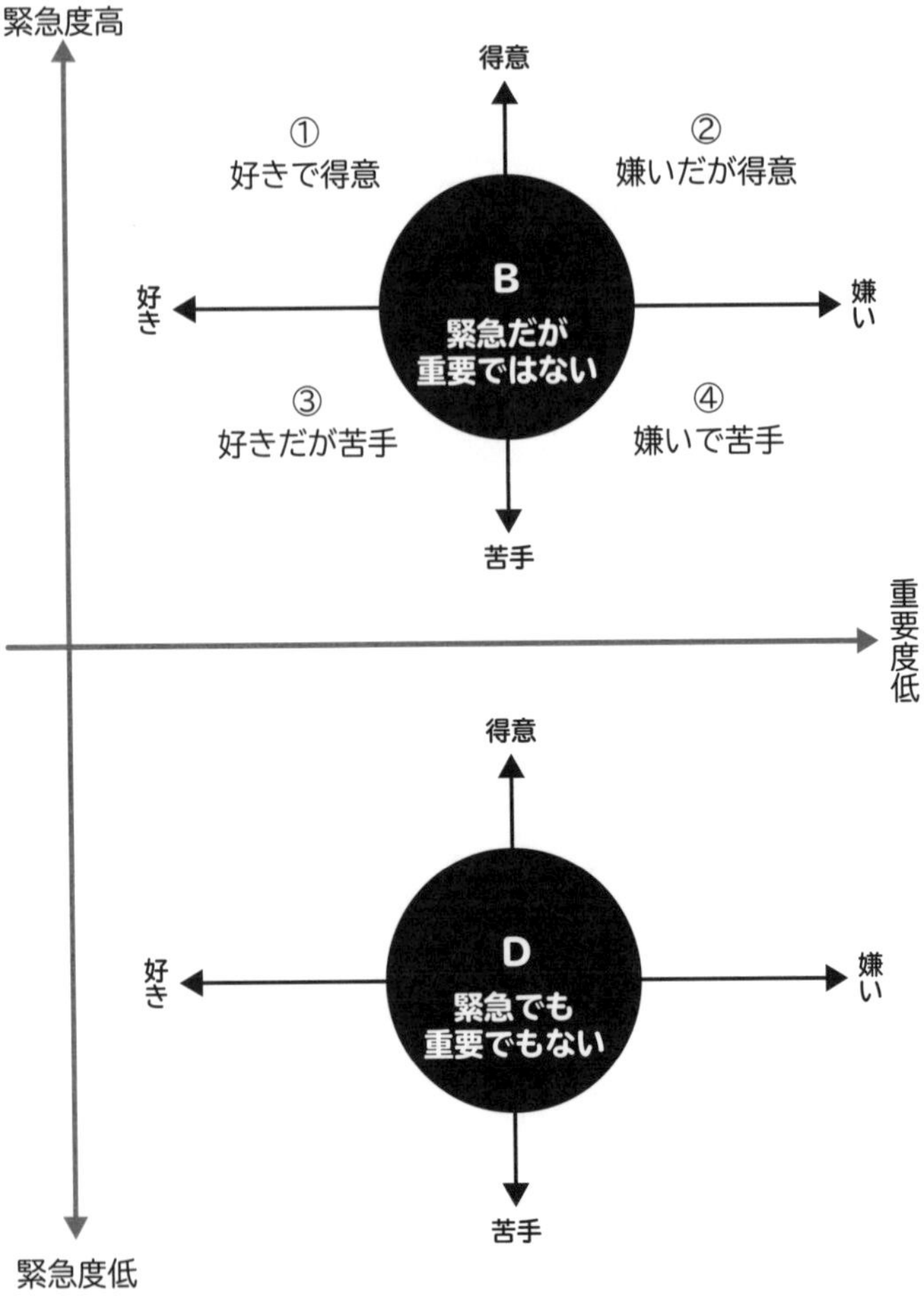
緊急度高
得意
①
好きで得意
②
嫌いだが得意
B
緊急だが
重要ではない
好き
嫌い
③
好きだが苦手
④
嫌いで苦手
苦手
重要度低
得意
D
緊急でも
重要でもない
好き
嫌い
苦手
緊急度低

緊急・重要／好き・嫌い、得意・苦手マトリクス

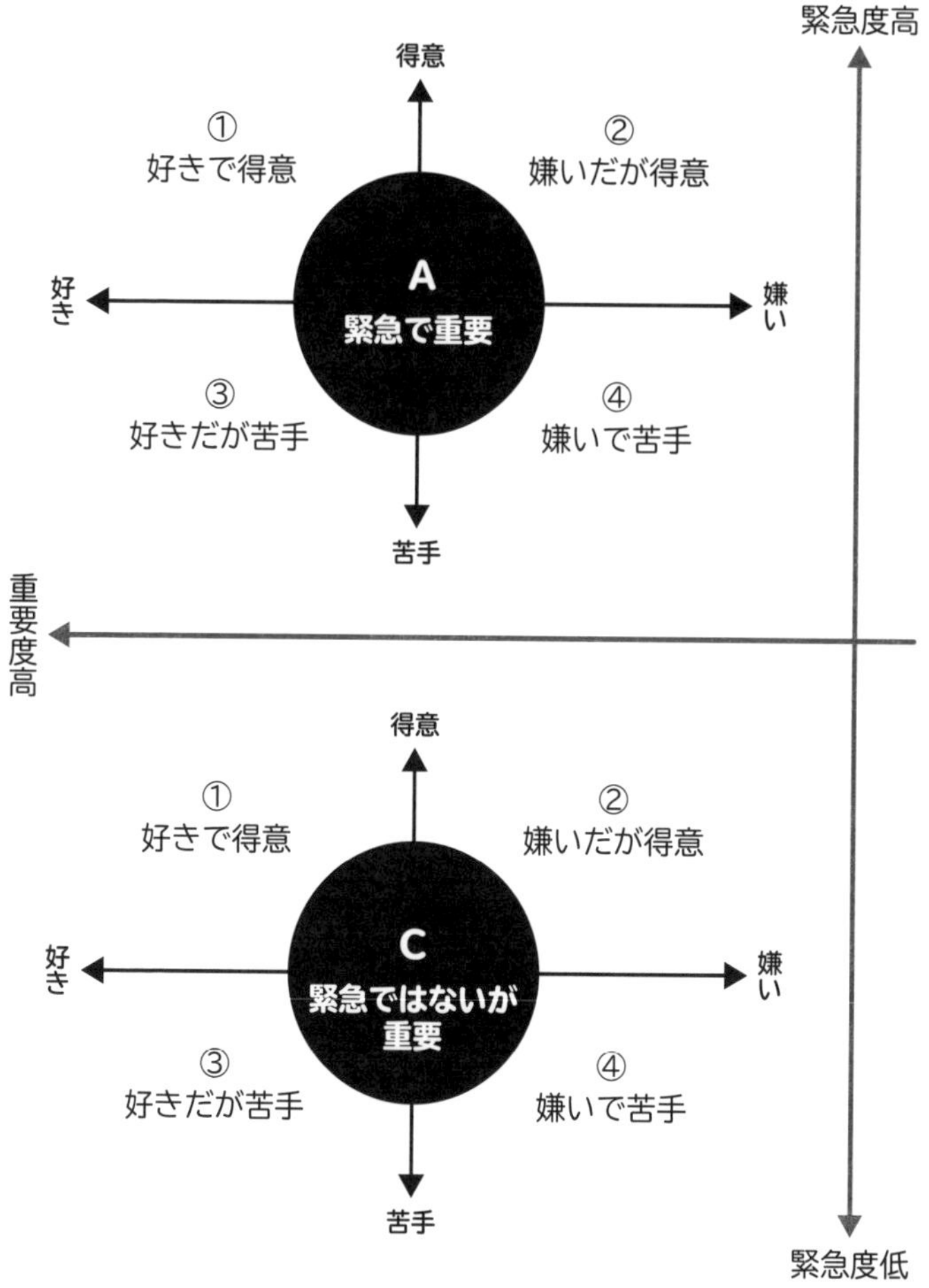

仕分けが完了したら、グループごとのアクションに従い行動していきます。

① 好きで得意

A（緊急で重要）は、即行動しましょう！　即行動するために、行動開始と終了日の両方の日付をふってください。

緊急度が高く、重要度も高い。かつ、そのタスクを行うことは自分にとって好きで得意なことですから、行動に対するハードルは低いはずです。最優先タスクとして即行動し、タスクを終了させましょう。

B（緊急だが重要でない）のタスクも、即行動の日付をふります。誰でもできる仕事ではありますが、自分でやったほうが早い案件なので、最優先タスクとして早々に終了させます。

C（緊急ではないが重要）は、今すぐ対応しなくてもいいので時間に余裕があるタスクですが、将来の自分のために必要になるタスクです。この場合は「いつから行動するか」のスタート日を決めておきましょう。例えば、「Aのタスクがすべて完了した翌日から着手する」といった感じで決めます。

❷ 嫌いだが得意

A（緊急で重要）は、【A①】と同じく即行動の日付をふりましょう。率先してやりたいことではないが、割と苦なくできてしまうことなので、時間との兼ね合いから自分でやってしまうほうが早い案件です。

ただし、「嫌いだが得意」なことは、やりたいことではありません。そのため、行動するときには何か自分への〝ご褒美〟を用意して、モチベーションを維持するようにしましょう。

ここで注意してほしいのが、自分へのご褒美をするタイミングです。

ご褒美を頑張ったあとに用意することが多いかと思いますが、それでは逆効果。なぜなら、脳はこの行為に対して「やったあとにご褒美がもらえる」＝「この行為は、ご褒美がないとやりたくない、自分にとって嫌なことなのだ」という学習をするからです。これではいつまでたっても、嫌いだという認識が消えません。

正しいご褒美のタイミングは「行動と同時」です。行動しながらご褒美もゲットしてしまいましょう。例えば、この行動をするときだけ、

- **お気に入りの音楽を決めて視聴しながら**
- **普段より高価なお茶やお菓子を飲み食いしながら**
- **このときだけ身につけられるとっておきの服やアクセサリー**
- **特別なカフェやホテルのラウンジに行く**
- **大切にしている筆記具を使う**

など、いくつか用意しておくといいでしょう。

B（緊急だが重要でない）に分類したタスクも、時間との兼ね合いから自分でやってしまうほうが早い案件です。Aと同様に、ご褒美を用意しましょう。

C（緊急ではないが重要）は、急ぐ必要のないタスクなので、時間の制約がないならわざわざ嫌いな行動をする必要はありません。誰かに頼むかプロに任せましょう。

③ 好きだが苦手

A（緊急で重要）・**B（緊急だが重要でない）**に分類したタスクは、いくら好きであっても苦手なことのため、自分でやるには質が悪く時間もかかります。**思い切って、自分ではやらず、誰かに頼りましょう**。お金を支払ってプロに頼むのもひとつの方法です。

C（緊急ではないが重要）は、将来に必要なタスクかつ行動すること自体は好きなもの。じっくり取り組んで経験値を上げていけば、いずれ得意になる可能性を秘めています。この場合は「いつから行動するか」のスタート日を決めておきましょう。例えば、「AとBのタスクがすべて完了した翌日から着手する」といった感じで決めましょう。

④ 嫌いで苦手

これは、いかに緊急で重要でも、自分でやるには嫌いだし苦手なわけですから時間をかける価値が低いものです。たとえ時間をかけて行ったとしても、好きになったり得意になる可能性は低いでしょう。ですから**A（緊急で重要）**であっても、③同様、誰かに頼むかプロに任せましょう。割り切りが大切です。

D 緊急でも重要でもない

最後に、Dに分類したタスクについてです。緊急でも重要でもないタスクは、①～④のいずれであったとしても、「今現在の自分には必要かどうかの判断が難しい」タスクだと言えます。**Dに分類されたタスクはすべて、一旦判断することを保留にしましょう**。これを「**戦略的先延ばし**」と呼びます。

AやBのタスクが完了するにつれ、さまざまな経験があなたを変化成長させていきます。すると、タスクを考えたときのあなたとは別人になっているはずです。成長した自分の目と判断力で、あらためて分類をやり直すと、当時とは異なる優先度合いが見えてきます。再検討するタイミングだけ決めておいて、意図を持って先延ばししておきましょう。

次ページに、グループごとのアクションをまとめたので参考にしてください。

グループごとのアクション

A① 即行動(日付をふる)
A② 即行動(日付をふる)
A③ アウトソーシングする
A④ アウトソーシングする

B① 即行動(日付をふる)
B② 即行動(日付をふる)
B③ アウトソーシングする
B④ アウトソーシングする

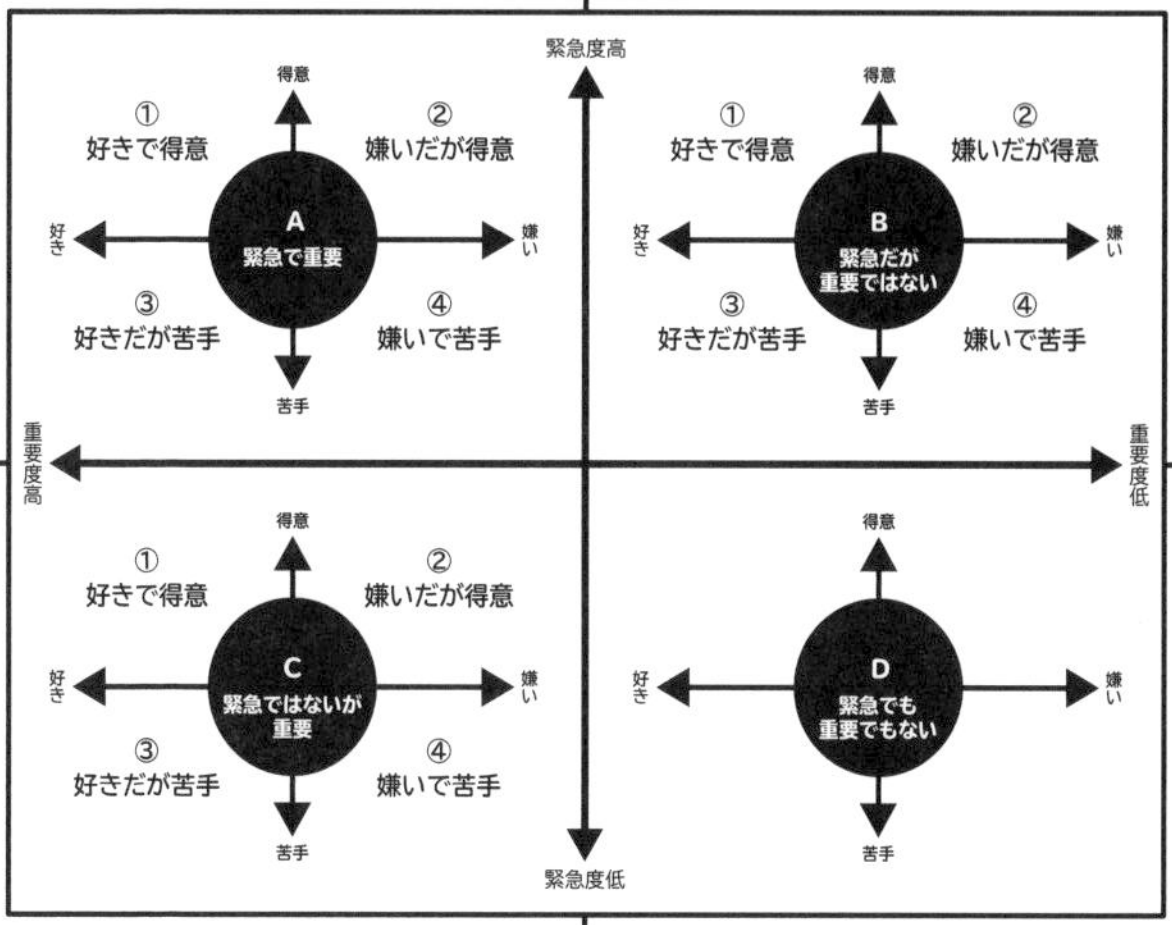

C① 即行動(日付をふる)
C② アウトソーシングする
C③ やるタイミングを決める
C④ アウトソーシングする

D いったん見送り
(戦略的先延ばし)

あなたの「嫌いで苦手」なことは、誰かの「好きで得意」なこと

タスクを「④嫌いで苦手」に分類したものについては、罪悪感を持たれる方が多いです。自分の理想の未来のために必要なことなのに、嫌いで苦手だからといって、自分で行動せずに他人に丸投げしてしまうなんて責任感がないのではないか、自分のことなのだから努力して行動すべき、と言われる方も多くいらっしゃいます。

けれども、本当にそうでしょうか？

あなたが嫌いで苦手なことを、世の中には好きで得意だと自覚している人がいます。それを仕事にしている人も多くいます。例えば、わたしの場合だとお金に関すること、経理や会計業務がそれにあたります。

嫌いで苦手なことを克服しようとする努力は素晴らしいものです。ですが、時間は有限です。**自分軸を定め理想の未来を実現していく才能長者になるためには、本当に自分の好きで得意なことに時間も能力も全力を注いだほうが、充実したより良い人生を送れる**のではないでしょうか。

どんどんシェアリングして循環させよう

あなたが嫌いで苦手なことを「自分ではやらない」と決め、手放すことで、それが好きで得意な誰かが仕事を得ることができたり、貢献感を味わう機会を与えることになります。反対に、あなたが無理をして抱え込んでしまうと、誰かが活躍できる機会を奪うことにもなるのです。

誰もが自分の好きで得意なことをすることが、結果として世の中の良い循環をつくることができる。そう思えば、嫌なことや苦手なことと向き合うストレスから解放されると思いませんか。

勇気を出して「自分ではやらないこと」が何なのかを決めましょう。

ワーク7

行動が加速する3色ペンで作る時間管理術

必要なもの…紙、ペン
ワークシートのダウンロードは226ページ

さてワークも残り1つとなりました。自分軸を賢く活かすための最後のワークは、ここまで作り上げた具体的な行動やタスクを、日常の中でやりきるための時間術についてです。

時間術といえば、世の中にたくさんの方法があります。あなたも過去にいくつか試したことがあるかもしれません。それは今も続いていますか？　おそらく、答えはノーではないでしょうか。

どうして世に数多《あまた》ある時間術が「知っている」「できる」の壁を越えて「やっている」領域に達さない、すなわち習慣化できないのか。それは、今までの人生で培った方法を活かしていないからです。

理由をお伝えする前に、「あなたが才能長者になり理想の未来を手にするために必要なたったひとつのことは何か？」を考えてみてください。

十分なお金？　技術？　それとも能力？　どれでもありません。

答えは、**行動するための時間を確保する**ことです。

自分軸で満たされた理想の未来を実現するために、「今の自分」が持っている時間をどれだけ投入できるのか。限られた資源である時間を、何に、どう使うのか？という選択と決断が必要なのです。

時間を確保して行動するために必要なことは次の5つです。

①　現在の時間の使い方を3種類に分解する

②　時間の片付けを行う

③　3つの切り口で時間をつくり出す

④ 今までの人生で培った方法を使う
⑤ 行動の目標を決める

順番に説明していきます。

手順1　現在の時間の使い方を3種類に分解する

温故知新――故《ふる》きを温《たず》ねて新しきを知る、という故事成語があります。歴史や先人の知恵を学ぶことで、未来に役立つことがよくわかるようになるという意味ですが、新しい行動のために最初にすべきは「故き」、すなわち**今までどのように時間を使っていたかを知ること**です。後ほど説明しますが、ここでは時間の使い方を3種類に分解して考えます。

ためしに、昨日の時間の使い方を思い出してみましょう。何にどれだけの時間を費やしたか、覚えているでしょうか？

スケジュール帳や予定表を見返してみると、打ち合わせや会議の開始時間は書かれていることも多いでしょう。では、実際に費やした時間はどれくらいだったのでしょうか。仕事以外のプライベートはどうでしょう。自宅では、何をして、どれくらいの時間を使っていたでしょうか。

こういった問いかけを講座でおこなうと、ほとんどの受講生が正確に思い出せているか自信がない、と話してくれます。そして、毎日忙しい、あっという間に一日が終わる、と嘆いているわりには、**「何をしていたか思い出せない」という"なぞの空白の時間"が多い**ことに気づきます。

普段、何に時間を使っているかを把握できていないけれど毎日忙しい……そんな生活をしていながら新しいことを始めようとするというのは、例えるならば、食べ物がぎゅうぎゅうに詰まった冷蔵庫に、さらに新たに買ってきた食料品を詰めようとしているようなものです。

せっかく新鮮な状態だった食材も、古いものがスペースを占領しているためにどんどん鮮度が落ちていったり、はたまた無理やり詰め込んでしまうと、いざ料理に使おうとしたときに賞味期限が切れていて使えなかったり、奥にしまい込んでいたことに気づかずに同じものが何個も入っていたりと、ムダが生じてしまいます。

先述のとおり、時間は有限です。誰にも平等に一日は24時間しか与えられていません。限られた時間を有効に、そして、才能長者として理想の未来を手にしようとするならば、**現状の時間の使い方を正確に把握し、ムダな部分がどれくらいあるのかを知る必要がある**のです。

次ページのカレンダーは、わたしが過去もっとも多忙かつ時間の使い方が下手だった頃の時間の使い方を示したものです。

かつてのわたしは才能長者には程遠く、器用貧乏な人生を爆進中で、会社員で働きながら、ワンオペ育児、家事、実母の介護、当時は副業だったコーチング、と四足のわらじを履きつつ、起業準備の勉強をしていました。忙しさや自身の能力不足、要領

7 July 2017

Mon	Tue	Wed	Thu	Fri	Sat	Sun
26	27	28	29	30	1 8出発 830集合 945-11オリエンテーション 1130出発 12-14母治療院 14-16買い出し 18迎え	2 8出発 830集合 930出発 10-15美容院 15合流 18解散
3 9-11出勤 11退勤→移動 14-17Sさんセミナー	4 午前休 9-11Tさんセッション @駅カフェ 1245出社 1830整体 20塾 22-24Kさん講座	5 午前休 9-11Yさんセッション @カフェ 1245出社 20-2130打合せ 22-2330Eさん講座	6 20-2130 Sさんセッション 2230-24 Yさん講座	7 15退勤 16体育館説明会 18-19母治療院 1930-21Hさんセッション	8 6出発 730集合 試合 19集合 ママ友会	9 730出発 830集合 1230-1630勉強会
10 20-2130Tさんセッション 22-23Eさん講座	11 11出社 9-10Kさんセッション 1915退勤 20塾 22-2330Yさんセッション	12 830出社 1630診察 18移動 1830-20カフェ勉強会 22-23Yママセッション	13 830出社 1830整体 21-2230Aさん講座 23-24Hさんセッション	14 830出社 1730出発 18-19母治療院	15 7出発 845集合 試合 1930-21Sさんセッション	16 7出発 845集合 試合 22-24Fさん講座
17 730出発 830練習試合 13-18勉強会 22-24Iさん講座	18 有休 9出発 10-17勉強会 21-22Tさんセッション 22-24Kさん講座	19 代休 9出発(新幹線) 10-17勉強会 18-20試験 2245-24Yママセッション	20 15退勤 1545三者懇談 21-22Aさんセッション 2230-24Mさん講座	21 18-19Hさんセッション 1930集合(同窓会)	22 8出発 830練習 930-11Kさんセッション 12出発 1230-14母治療院 18迎え 19出発 1930-2130Yさんセッション	23 8出発 830練習 21-23勉強会
24 20-2130Tさんセッション 22-2330Aさん講座	25 830出社 1830母治療院 22-2330Yさん講座	26 18移動 1830-20カフェ勉強会 22-23Oさんセッション	27 19-20Aさんセッション 20-22勉強会	28 有休 8新幹線 13渋谷MTG 17-19体験セッション 最終新幹線	29 8出発 830練習 10-1130美容院 1130-13母治療院 15犬トリミング 19出発 1930-21Yさんセッション	30 730出発 830集合 試合 10-15Kさん相互セッション 1930-21Hさんセッション 21-23勉強会
31 21-22Tさんセッション	1	2	3	4	5	6

の悪さからくるストレスを解消したくて、寸暇を惜しんでマッサージを受けたり、趣味の書店巡りや大好きなスイーツを食べに行ったりもよくしていました。当時は、1カ月分がひと目で見渡せるタイプの予定表を使っていて、常に余白がない状態でした。

そこで、バーチカルタイプ（一日の予定を時間ごとに記載できる）の週間スケジュール帳で時間を区切って整理してみました。すると、何に費やしていたのかわからない空白の時間がチラホラとあったり、やることはわかるけれど、どれくらい時間が必要なのかを把握できておらず、想定していた時間より実際の行動が早く終わったり、反対に読みが甘くて時間が足りず、翌日以降に予定を持ち越したりということが頻発していました。

現状の時間の使い方を正確に把握するには、直近の過去1週間の時間の使い方を、バ

ーチカルタイプのフォーマットに記載します。155ページの記入例を参考に、思い出しながら次ページのフォーマットを活用して書き出してみてください。

バーチカルタイプに24時間の時間の使い方が記入できたら、その時間が「投資の時間」「消費の時間」「浪費の時間」のどれに該当しているかを判断し、色を使って分類していきましょう。

投資の時間とは、理想の未来のため、勉強や実践に費やしている時間のことをいいます。分類は青色で行います。

消費の時間とは、仕事や家事や育児などの生活に必要な時間、ストレス解消のための趣味や余暇の時間、健康や体力を維持するための睡眠時間など、今を生きるために費やしている時間すべてが含まれます。分類は黄色で行います。

浪費の時間とは、暇つぶしや惰性で見ている動画やネット、何に費やしていたか思い出せない時間などを含みます。この浪費の時間には、心身ともに健やかな毎日を送るために必要な余暇時間を含めないように注意してください。分類は赤色で行います。

過去1週間の時間の使い方

	6	9	12	15	18	21	0	3
／ ( )								
／ ( )								
／ ( )								
／ ( )								
／ ( )								
／ ( )								
／ ( )								

記入例
投資の時間
消費の時間
浪費の時間
6
9
12
15
18
21
0
3
7/10(月)
起床(朝活)
朝食・身支度
会社
帰宅・夕食・家事
Tさんセッション
Eさん講座
入浴
就寝
7/11(火)
起床(朝活)
朝食・身支度
Kさんセッション
会社
帰宅・夕食・家事
Yさんセッション
入浴
就寝
7/12(水)
起床(朝活)
朝食・身支度
会社
帰宅
診察
カフェ勉強会
帰宅・夕食・家事
Yママセッション
入浴
就寝
7/13(木)
起床(朝活)
朝食・身支度
会社
移動
整体
帰宅・夕食・家事
Aさん講座
Hさんセッション
入浴
就寝
7/14(金)
起床(朝活)
朝食・身支度
会社
移動
母治療院
帰宅・夕食・家事
入浴
就寝
7/15(土)
起床・身支度
出発
試合
帰宅
夕食
Sさんセッション
入浴
就寝
7/16(日)
起床・身支度
出発
試合
帰宅
夕食
Fさん講座
入浴
就寝

手順2　時間の片付けを行う

手順1でスケジュールを実際に書き出して色分けすることで、何が詰まっているかわからなかった時間の使い方がひと目で判別できるようになりました。

パンパンに詰まった冷蔵庫も、片付けるためには実態の把握から始めるとうまくいくのと同じで、**時間の使い方も見える化することで、不要な時間を片付けることができます**。スパッとなくせる時間がないか、探してみましょう。

手順3　3つの切り口で時間をつくり出す

時間を片付けたことで、新しいことを行う時間を生み出すことができました。ですが、時間はもっと増やすことができます。次は、以下を検討してみましょう。

- **「消費の時間」に行っていることの周期を長くしたり、頻度を減らしたり、誰かに**

頼んだりして、時間を短くできないか

（例）家事

食器などの洗い物を食事の都度ではなく、一日1回にまとめられないか？　掃除や洗濯も同様に、今までは毎日だったが1週間に1度にできないか？　家族で当番制にして自分が負担する時間を減らせないか？

- **「消費の時間」の中で、思い切ってやめられることはないか**
- **「浪費の時間」をゼロにできないか**

浮いた時間を「投資の時間」に充てましょう。

せめて時間の1％を捻出してみよう

どうしても投資時間の確保が難しいなら、まずは24時間の1％の時間（≒15分間）を投資の時間に充てて、新しいチャレンジのための行動をすることから始めていきましょう。

手順4 今までの人生で培った方法を使う

限られた資源である時間を使って、才能長者になるための新しい行動を習慣化するためのコツは、今までの人生で培った方法を活かすことです。それはいったい何だと思いますか？　答えは、「**時間割**」です。

小学校に入学してから、毎日時間割に沿って勉強していましたよね。もしかしたら入学前から時間割を使っていた方もいらっしゃるかもしれません。学生時代に慣れ親しんだ時間割。卒業した途端、使わなくなっていませんか？

何年も時間割をもとにした生活を続けて、習慣化できていたのに、大人になってから活用していないなんて、モッタイナイ！　行動するための時間割を作っていきましょう。

時間割は、**週末もしくは週はじめにこの先1週間分の予定に沿って、時間割を作る**

という方法で作ります。毎日ほぼ同じ生活形態と決めてルーティン化できるようでしたら、月末に翌月分をまとめて決めてしまうのも良いでしょう。

使用するフォーマットはバーチカルタイプが使い勝手がいいのでオススメです。

時間割には、大きく2つの枠を取るようにします。

- **「投資の時間帯」＝青色の枠**
  未来の自分のための行動、学習の時間枠を確保して枠で囲む
- **「消費の時間帯」＝黄色の枠**
  仕事や家事、育児、介護、食事、睡眠、入浴など生活するうえで、すでに決まっている予定と、心身の休息やメンテナンスなどおたのしみの時間を枠で囲む

次ページで生活の時間割を作成してみましょう。

この先１週間の時間割

	6	9	12	15	18	21	0	3
／ （ ）								
／ （ ）								
／ （ ）								
／ （ ）								
／ （ ）								
／ （ ）								
／ （ ）								

手順5　行動の目標を決める

時間割ができあがりました。しかし、時間割ができただけでは、その時間で何をどうするのかが決まっていません。**いつまでに、何を、どこまでやるのか、行動の目標を決めましょう。回数など具体的な数値で表せるものは極力数値化します。**

「目標」というと一般的には、達成したい状態や数値を設定しますが、何かと忙しい日々の中で思い通りの行動を１００％完璧にできるとは限りません。それは誰もが頭ではわかっているし、過去に何度も経験しているのに、いざ新しいチャレンジをするときになると忘れてしまっています。

そして、努力して行動を積み重ねても目標に到達しなかったとき、挫折を味わい、いつしかチャレンジすることをやめてしまうのです。

目標が達成できない原因は、あなたが器用貧乏だからでも、目標が厳しいわけでも、実力が不足しているからでもありません。

「目標値が1種類しかない」からです。

例えば、天気予報を見ればその日の最高気温と最低気温がわかりますよね。あの数字を見て、明日は朝冷えるから暖かくして寝よう、昼間は気温が上がりそうだから調整しやすい上着を着ようといった事前の予測が立ちやすくなります。

人生の目標も同じです。

たったひとつだけの目標に向かっていくよりも、上限と下限の2種類を設定することにより、忙しくてもどうにかやりくりして「最低でもここまでは達成しよう」と、行動を継続するモチベーションを維持できるので、結果が手に入りやすくなります。

ですから、目標値は上限だけでなく下限も決めておきましょう。

器用貧乏からの完全脱皮は「PDCA」よりも『GDLV』で

ビジネスの世界で目標達成のための行動を実行するには、Plan(計画)、Do(実行)、Check(測定・評価)、Action(対策・改善)の、4つの頭文字をとった「PDCA」サイクルを回すことが良いとされています。無計画に行動して時間ばかり浪費されてしまうことを避けるために、事前に計画を立て、その計画に従って行動をし、出た結果について測定や評価を行い、必要な対策や改善を講じて、物事のレベルアップをしていこうという考え方です。

ですが、PDCAには、向き不向きがあります。すでに何度か経験をしていたり、ある程度の実績などの蓄積がある場合には有効ですが、はじめてのチャレンジには向いていません。

なぜならば、はじめてやることに対して経験がないからです。

ＰＤＣＡのスタートは「計画」です。計画というのは、それまでの経験や実績などの状況やデータが揃っていなければ行うことはできません。はじめて行く場所の地図が書けないのと同じで、ある程度の理解やそれを下支えする経験があってこそ、計画はスムーズに立てることが可能となります。

計画が立てられない未知のチャレンジはどうしたらいいのか。何事も頭で考えているだけでは実現しません。ですが、やみくもに、行き当たりばったりで行動していては結果につながりません。

ではどうすればいいのか。そこでわたしは、『ＧＤＬＶ』という枠組みを考案しました。英単語のそれぞれの頭文字からつけています。

GDLV

● G：Goal（ゴール・目的・目標）

- D：Do（行動）
- L：Look back（振り返り）
- V：Verification（検証）

目的や目標を定めたうえで行動し、行動した結果がどうだったかを振り返り、望む未来へつながっているか、行動の方向性や手段に間違いがないかを検証して、さらなる目標へ行動を進めていく。このサイクルを回すことで、計画倒れや燃え尽き症候群となることを防いでいます。

例えば、次のとおりです。

G：5年後に、カナダで開催されるTEDカンファレンスにて英語で講演し、世界中の人々に自分が器用貧乏を脱し才能長者になるために挑戦してきた軌跡と、起業して多くの仲間と一緒に夢を叶えた経緯や、挑戦により得られた知見や気づきを伝える

D：3つの自分軸ワードのいずれかを満たすチャレンジを1日1つ実行する
L：決めたチャレンジが実行できたか？　5つの項目で振り返る
V：望むゴールに向かって、思考・発言・行動・感情は一致しているか？

何をすればいいのかが決まったら、上限と下限の2つの目標を決め、時間割に従って行動を進めていく。
これが、器用貧乏を脱して才能長者になっていくための自分軸の賢い活かし方です。

第5章

再び！　器用貧乏さんにならないための技術

理想を叶えるのは「一直線」ではなく「曲線」で

第4章のワークを行うことによって器用貧乏さんから才能長者さんへの変化を手にしたわけですが、ここで要注意なのが、**変化を実感するにはタイムラグがある**という事実です。このタイムラグのことを「成長曲線」といいます。

成長は曲線を描く

わたしたちは新しく何かを始めるとき、自分の努力は報われると期待しています。一般的な例で考えてみましょう。ダイエットをしようと一念発起して食事制限や運動を始めたとします。初日に頑張った結果、たった1日で300グラム体重が落ちました。すると、10日で3000グラム（3キログラム）痩せられるのではないか、と単

成長曲線

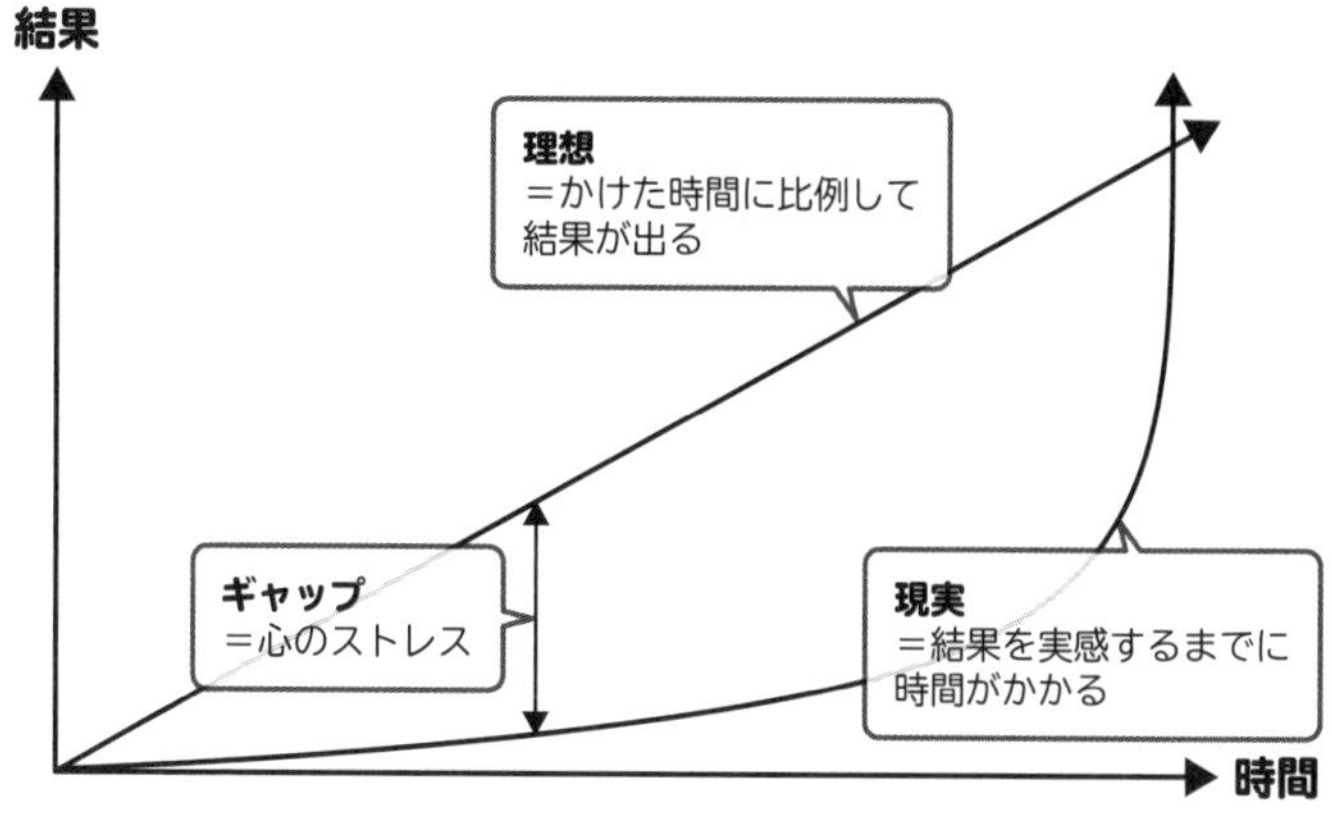

純計算して結果を予想しがちです。**結果と頻度（時間や回数）は直線状に正比例すると思ってしまう**のです。

結果はゆるやかに変化し、徐々に手応えを感じるようになっていくものです。しかし、行動すれば右肩上がりに結果が出るものと期待しているので「どうしてこんなにやっているのに結果が出ないのか」と疑問を感じ始めます。そして、「自分には向いていないのではないか？」と自信を失い、結果が出る前に行動を続けることをやめてしまうのです。

特に器用貧乏さんは、何をやるにも短

時間でコツをつかむのが得意なので、その傾向が強く出ます。

これはダイエットに限らず、勉強でも運動でも同じことが言えます。

成長は、「成長曲線」という名のとおり直線状ではなく、ゆるやかな曲線を描くものだと理解しておけば、コツコツと行動を続けやすくなります。

知ってる・できる・やっているの成長階段を進もう

行動が成果に結びつくプロセスには、ある一定のパターンが存在します。

行動の大切さについては、NLP（神経言語プログラミング：1970年初頭、リチャード・バンドラーとジョン・グリンダーが心理学と言語学の観点から新しく体系化した人間心理とコミュニケーションに関する学問）の「学習の5段階レベル」で説明することができます。


人は学習・成長する際に、5段階のステップを踏むようにできています。第1段階から「無意識的無能」「意識的無能」「意識的有能」「無意識的有能」「無意識的有能に意識的有能」といい、これを「学習の5段階レベル」といいます。

学習の５段階レベル

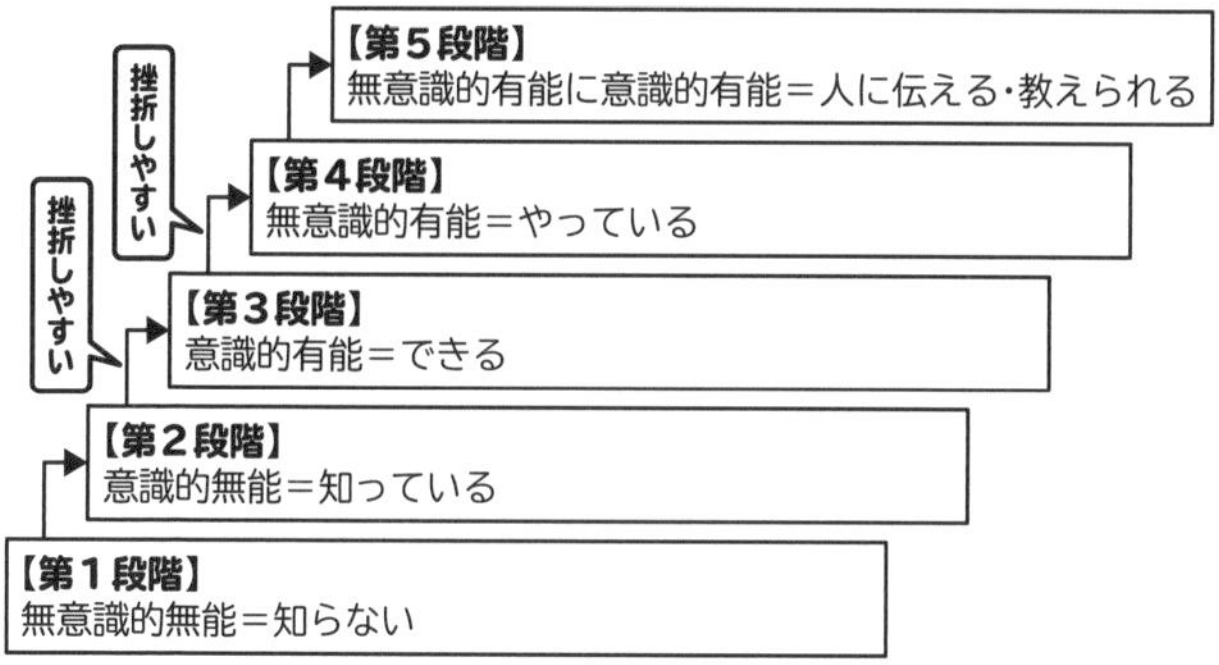

NLPの「学習の5段階レベル」をもとに筆者作成

段階ごとの状態を順に説明します。

【第1段階】無意識的無能＝知らない

目標に対して、どう行動すればいいか、情報を持ち得ていない状態です。意欲はあっても行動する方法がわからないので当然ながら行動することができません。

↓

【第2段階】意識的無能＝知っている

知識や情報を得て、何をすれば効果があるのかを知った状態です。この段階ではまだ行動をしておらず、いわゆる「頭ではわかっている」状態。ここで頭でっかちになって行動に至らない、先に進めないという状態が起きやすいので注意が必要です。
また、「知っているのにできない」状態のため、【第3段階】に進むまでには時間がかかります。ここが踏ん張り時です。
←
【第3段階】意識的有能＝できる
行動を始め、注意深く行えばなんとか「できる」状態ですが、自分なりのコツをつかむまでには至っておらず、試行錯誤が必要です。
新しい方法を試すときは【第2段階】に戻って「知る」必要があるため、どの方法が自分に合うのか探している段階では、行動に慣れるまでに苦労します。
←
【第4段階】無意識的有能＝やっている
ある程度の行動量が蓄積されてきて、習慣化が始まります。この段階では行動することが当たり前となり、さほど意識しなくとも行動できるようになっています。
←
【第5段階】無意識的有能に意識的有能＝人に伝える・教えられる

行動することによって得られた経験、気づきや学びなどを、言語化して人に伝えたり、教えたりできるようになる状態です。意識せずにできる行動を、意識的に伝えることで、さらなる成長の機会を得られます。

成長、成果は習慣化によってもたらされる

次ページの「成長曲線」と「学習の5段階レベル」を合わせた図を見れば一目瞭然ですが、成長や成果というのは行動の習慣化によってもたらされます。つまり、習慣化が始まる（第4段階・無意識的有能になる）タイミングが、成長曲線のターニングポイントになるのです。

あれこれと頭でだけ考え、もっと良い方法があるのではないかと情報ばかりを探し続けるのではなく、**今できることから行動を始め、いかに普段の生活の中で行動を積み重ねていけるか、習慣化できるかが、器用貧乏さんを脱し才能長者さんになれるかの重要なポイント**です。

第4章で紹介した「緊急重要×好き得意」分類タスク整理術と、3色ペンで作る時

成長曲線×学習の5段階レベル

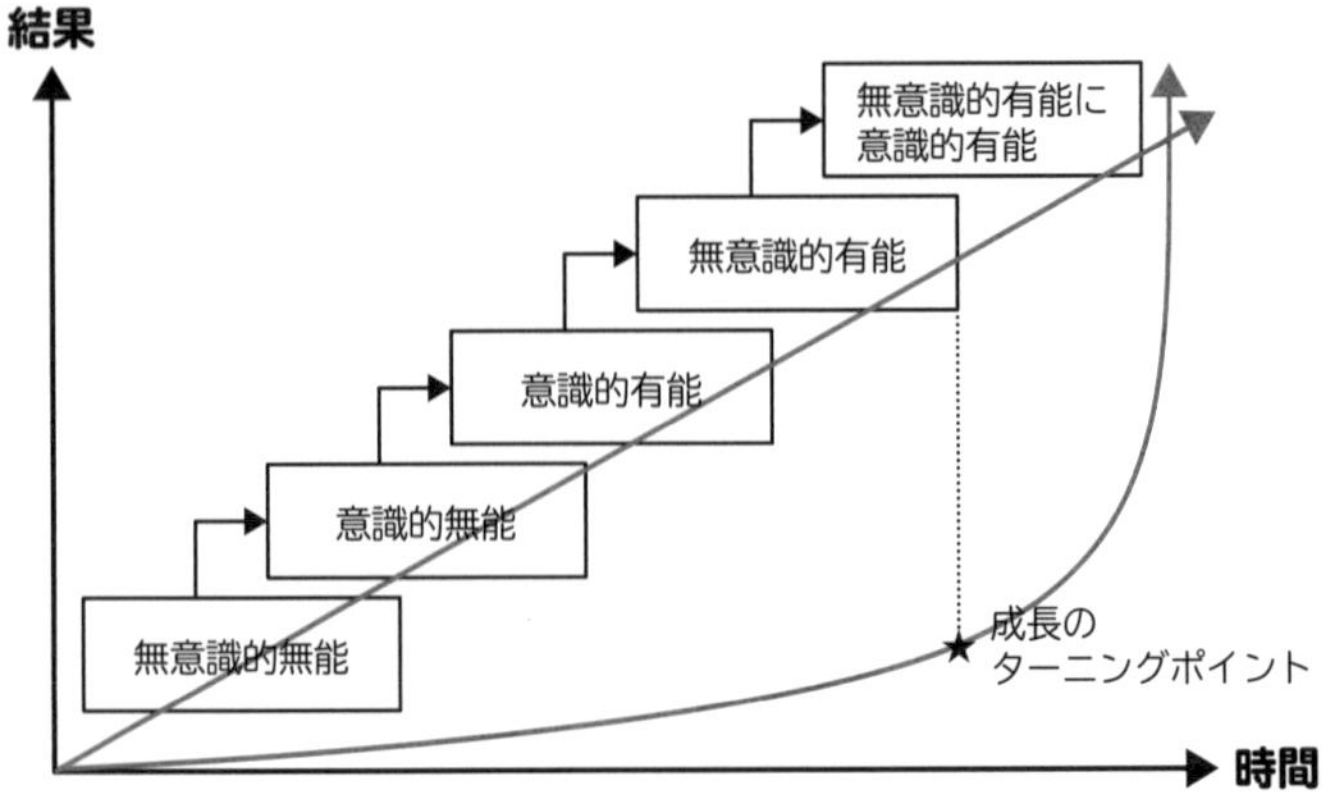

間管理術を用いて、日々の中でできる行動を習慣化していきましょう。

未来の自分が今を支えてくれる

理想を叶えるために必要なのは行動の習慣化ですが、わかっていても新しい習慣をつくるのは難しい、という声をよく耳にします。なぜ、習慣化することは難しいのでしょうか。

それはズバリ、習慣化することで得られる将来のメリットよりも、習慣化するまでの努力によるデメリットのほうが上回っていると感じているからです。メリットがデメリットを上回れば、この問題は解決します。

では、どうすればメリットがデメリットを上回れるのでしょうか。

答えは「**理想の状態を描き、見える化する**」ことです。

わたしたちは、ともすれば目先の行動に意識が向きがちです。**行動すること自体が目的化してしまうと途端にモチベーションが低下して行動が続かなくなる状態に陥ります**。これを打開するのに効果的なのが理想の状態を描き、見える化することなのです。

よくある例えで、ひたすらに石をひとつひとつ積み重ねていくのは非常に根気がいるが、城壁を作るために石を積んでいると思えば頑張れる、という話があります。

理想を頭の中だけで想像しているよりも、視覚化（見える化）することで俯瞰でき、客観視することが可能となります。

ここから、見える化するための方法をいくつか紹介していきます。順に説明していきますが、すべて取り組んでも、気に入ったものを選んで実践しても構いません。

夢を見える化する「コラージュシート」

必要なもの…写真など、台紙、のり

理想の状態を描き、見える化する具体的な方法、「夢を見える化するコラージュシート」の作り方を説明します。179ページの見本を参考にしてください。

コラージュシートの作り方

①材料を用意する

あなたの夢や理想の状態を表している写真やイラスト、雑誌やカタログの切り抜きなど、頭の中にあるイメージが具現化されていると感じたものをストックしておきましょう。

②貼り付ける台紙を用意する

ポスターくらいの大きさの紙や模造紙、コルクボードなどがオススメです。

③台紙に集めた材料を配置する

台紙に写真や切り抜きを配置していきます。特にルールはありません。自分の好みの配置にしていきましょう。いきなり貼り付けず、バランスを見ながら配置します。

④配置を確認し、バランスが整ったら、のり付けもしくはピンでとめる

⑤写真に撮る

完成したら写真を撮りましょう。スマホの待受画面にすると、いつでも目に触れることができるので効果がアップします。

⑥いつも目が向く場所に掲示する

台紙は家の中でよく目が向く場所に掲示します。例えば家事をするときにふと目がいくキッチンの壁や、歯磨きをするときにいつも見ている洗面台、寝室などもいいでしょう。玄関ドアの内側に掲示すると、朝出かける際に「この未来を手にするために今日も頑張るぞ」と意欲高く出発できると好評です。

見本

未来を見える化する「マンダラート」

必要なもの…紙、ペン
ワークシートのダウンロードは226ページ

未来を見える化する方法として「マンダラート」を作成する方法があります。

マンダラートとは、9つのマス目に必要な項目を埋めていくことで、アイデアを整理し、思考を深めていくことができるツールです。メジャーリーガーの大谷翔平選手が、高校生時代にプロ野球選手になるための方法をマンダラートで作成していたことから一躍有名となりました（左図）。

大谷翔平選手のマンダラート

体のケア	サプリメントをのむ	FSQ 90kg	インステップ改善	体幹強化	軸をぶらさない	角度をつける	上からボールをたたく	リストの強化
柔軟性	**体づくり**	RSQ 130kg	リリースポイントの安定	**コントロール**	不安をなくす	力まない	**キレ**	下半身主導
スタミナ	可動域	食事 夜7杯 朝3杯	下肢の強化	体を開かない	メンタルコントロールをする	ボールを前でリリース	回転数アップ	可動域
はっきりとした目標・目的をもつ	一喜一憂しない	頭は冷静に心は熱く	体づくり	コントロール	キレ	軸でまわる	下肢の強化	体重増加
ピンチに強い	**メンタル**	雰囲気に流されない	メンタル	**ドラ1 8球団**	スピード 160km/h	体幹強化	**スピード 160km/h**	肩周りの強化
波をつくらない	勝利への執念	仲間を思いやる心	人間性	運	変化球	可動域	ライナーキャッチボール	ピッチングを増やす
感性	愛される人間	計画性	あいさつ	ゴミ拾い	部屋そうじ	カウントボールを増やす	フォーク完成	スライダーのキレ
思いやり	**人間性**	感謝	道具を大切に使う	**運**	審判さんへの態度	遅く落差のあるカーブ	**変化球**	左打者への決め球
礼儀	信頼される人間	継続力	プラス思考	応援される人間になる	本を読む	ストレートと同じフォームで投げる	ストライクからボールに投げるコントロール	奥行きをイメージ

出典：スポーツニッポン

マンダラートの作り方

わたしが提唱しているマンダラート作成方法は、第4章で作成した「ライフチャート」をもとに作成するというものです。

マンダラートの中心には、すべてが叶った理想の未来を示すキーフレーズ、または自分軸ワードを入れましょう。

そして、マンダラートの中央の8マスに、89ページで作成したライフチャートの8項目を配置し、各項目の「10点満点の状態」を書き入れます。

人生を構成する8つの側面

①自己成長／学び
②楽しみ／娯楽／趣味
③生活環境
④健康・美容

⑤ 仕事／他者への貢献
⑥ お金・資産・財産
⑦ 大切な人
⑧ 奉仕活動

次に、各項目の「10点満点の状態」を満たすために必要なものは何なのか?を考え、8個ずつアイデアを出して、記載していきましょう。

完成すると、8×8＝64のアイデアリストを手にすることができます。**この64のアイデアを実践すれば、あなたが望む夢や理想の未来を実現することができます**。何をすればいいのかが一目瞭然になるので、アイデアのすべてを一元管理し見える化することで安心できたり、やる気が増す人にはオススメの方法です。

マンダラート

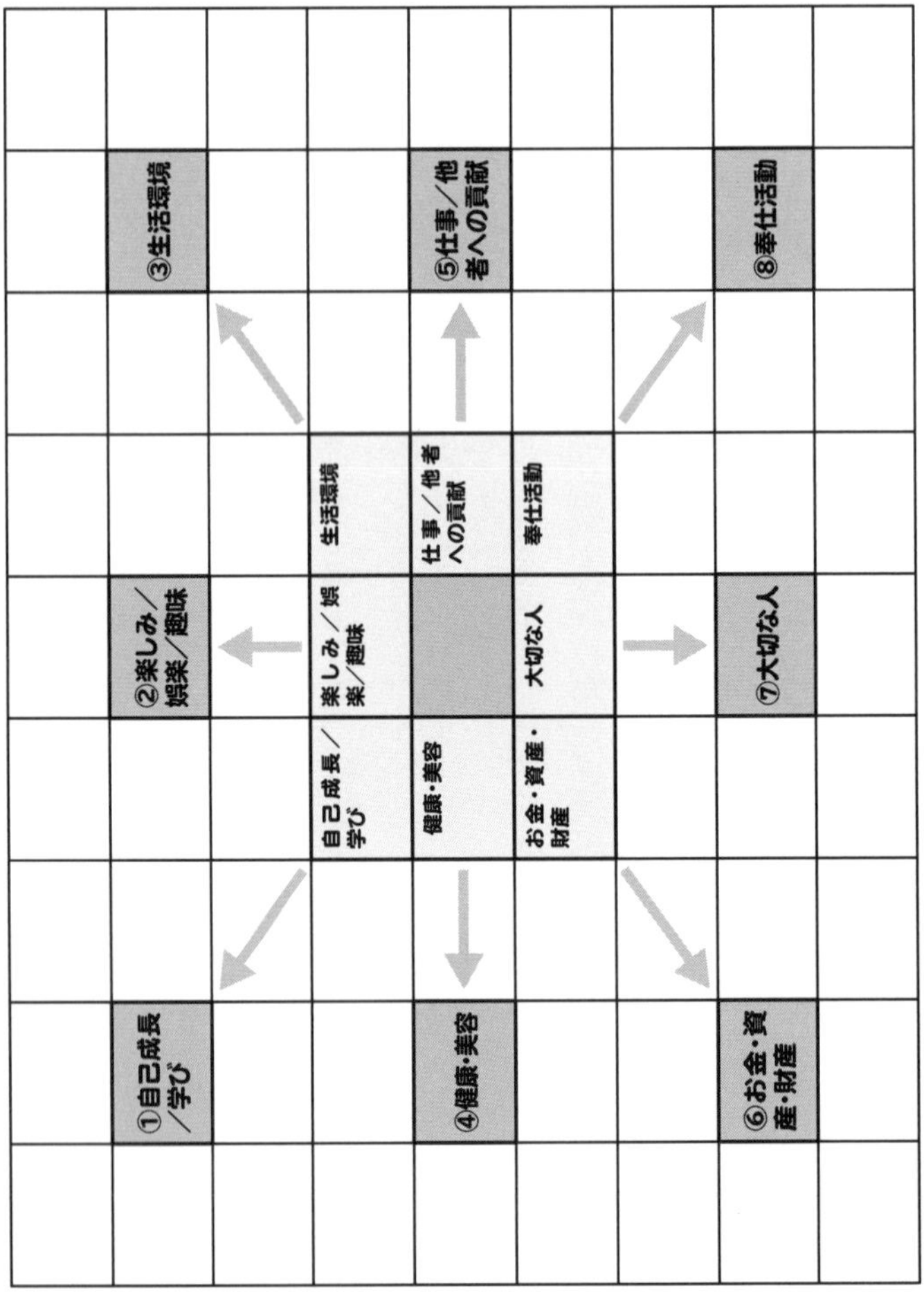

①自己成長／学び
②楽しみ／娯楽／趣味
③生活環境
④健康・美容
⑤仕事／他者への貢献
⑥お金・資産・財産
⑦大切な人
⑧奉仕活動
自己成長／学び
楽しみ／娯楽／趣味
生活環境
健康・美容
仕事／他者への貢献
お金・資産・財産
大切な人
奉仕活動

未来で成功した自分を見える化する「ヒーローインタビュー」

3つ目にご紹介する方法は、夢や理想の未来を実現した自分になりきって、インタビューに答えるというワークです。
スポーツの試合後に、勝ったチームや選手のインタビューが行われることがありますよね。あれを「ヒーローインタビュー」（もしくは、ヒロインインタビュー）といいます。その真似をしてみることで、自分の成功したイメージを体感できます。

ヒーローインタビューのやり方

理想の未来を実現した自分になりきって、次の4つの質問に答えてみましょう。

「○○（あなたの名前）さんのヒーローインタビューを行います！　○○さんは理想の

未来を実現したわけですが、いったい何を成し遂げたのかを教えてください」

「それは、どのようなストーリーで成し遂げてきたのですか？」

「今、誰にどのような感謝を伝えたいですか？」

「自分にねぎらいの言葉をかけるとしたら、どのように伝えますか？」

実際に誰かにインタビューしてもらって答えると、より臨場感が高まって体感度合いが高まります。

他者への影響を見える化する「未来からの手紙」

必要なもの…紙、ペン

4つ目のワークは「未来からの手紙」です。

あなたが将来、理想の未来を実現した後に、1通の手紙が届きます。その手紙には、あなたが成し遂げたことによって人生が良い方向に変わった〝誰か〟からの感謝が綴られています。

あなたが今から叶えていく未来は、あなただけの未来を良くするものではありません。必ず誰かの人生も良い方向に変える影響を与えていきます。その影響がどんなものなのかを「他人」になりきって、**他人目線であなた宛てに、感謝の手紙を書いてみ**

ましょう。

影響を与えた相手の状況や変化、あなたの成し遂げた未来を具体的に書くことで、より鮮明にイメージできるようになります。

参考までに、わたしの講座で行っている文例を載せておきます。このとおりに書く必要は必ずしもありませんが、受講生のほとんどは感情が湧き上がり、時に涙を流しながら、時に満面の笑みを浮かべながら、このワークをやっています。

文例

〇〇さん（あなたの名前）と出会ったときには、私はひどい状態でした（具体的に状況を書く）。だから、まさか自分が「△△なこと」や「□□なこと」ができるとは思っていませんでした。これもすべて、〇〇さんの＊＊（具体的な内容）と出合えたからこそです。私の人生は、〇〇さんとの出会いから始まったのです。ありがとうございます。これから、しっかりとご恩返しをさせていただきます。もちろん、私自身も、〇〇さんから学び続けて、もっともっと変化、成長していきます。

手紙を書き終えたら、ぜひ自分宛ての住所を書き、切手を貼り、ポストに投函してみてください。何日か後に手紙を受け取ることで、再び湧き上がる感情を味わえます。
これも未来に対するイメージトレーニングの有効な手段になります。

「都合のいい人」に逆戻りしないための2つのコミュニケーション

ここまで、器用貧乏さんから脱出していく方法をお伝えしてきました。

ですが、せっかく理想の未来に向かって行動できるようになる才能長者さんへ変化する術を手に入れても、悩むのは対人関係でしょう。

なぜなら、他人はあなたが変化したことに、すぐには気づかないから。仮に気づいたとしても、もとの関係性を変えようとせず、今までどおりあなたを「都合のいい人」扱いする可能性があるからです。

ですので、二度と都合のいい人に逆戻りしないためのコミュニケーションのコツをお伝えします。

コミュニケーションには2つの柱があります。
ひとつは、他人とのコミュニケーション。
もうひとつは、自分自身とのコミュニケーションです。

一般的にコミュニケーションとは他人との関係をいいますが、**もっとも大切にすべきは、生まれた瞬間から死ぬまであなたと常に一緒にいる唯一無二の存在である、自分自身とのコミュニケーションです。**

ではさっそく、具体的な方法を見ていきましょう。

ワーク1 セルフモヤモヤ解消術

自分自身とのコミュニケーションで重要なのは、セルフケアです。自分で自分を良い状態に保つことができれば、ストレスの大半は解消できます。本節では、全部で4つの解消術を紹介します。

❶ ジャーナリング

ジャーナリングは「書く瞑想」とも呼ばれています。

用意するものは紙とペンだけ。

頭の中にあるものや浮かんでくるものを、ただひたすらに、そのまま書き出してみましょう。それだけで、気持ちや考えが整理されていきます。書いたものを読み返すことで自分を客観視することができ、新たな発見や気づき、自己理解が深まります。

書き始めから書き終わりまでの時間は、5分程度で大丈夫です。長くても15分程度にとどめましょう。それ以上は集中力が切れてしまいます。

ジャーナリングの魅力は、気になったらすぐに行える手軽さです。一気に長時間行ってしまうと、自分の中で「長時間やらなければならない」という思い込みが生じ、気軽にやってみようという気持ちが消えてしまうので、注意してください。

大切なのは、気軽に、いつでも、簡単にやることです。

記入例

なんだかザワザワする。きっと午後からの案件のせいだな。どうしてもっと早くから準備しておかなかったんだろう。いつも同じペースで追い込んでいる気がする。空調の音が気になるな。いつもこんなにうるさかったっけ？　ブーンという音が気になる。外の車が走る音もこんなにうるさいっけ。そういえば振り込みっていつまでだろう？　期日を過ぎないように、あとで確認しよう。ああいうことも連絡が来たらすぐ対応すれば気にせずにいられるのに。そういえば不在通知が来ていたな。あ、給水機のアラームが鳴った。水を入れなきゃ。フィルター交換はまだいいのかな？いちいちチェックしないといけないから地味にストレス。買い換えるときはメンテナンスフリーのものを探そう。

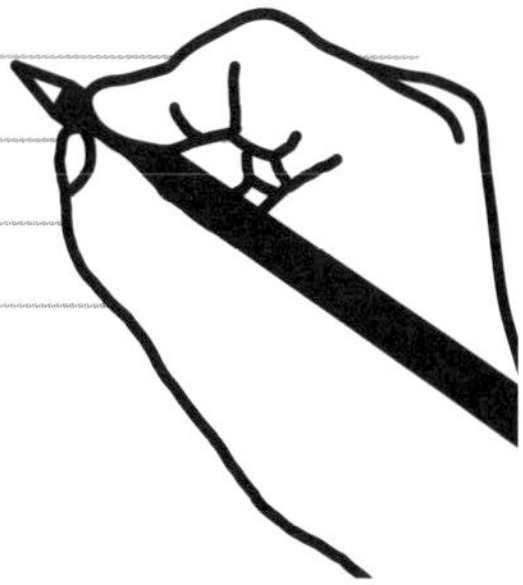

前ページの例にあるように、頭の中にある「言葉にならない声」は脈絡がありません。書き出してみると、あなたもきっと、いろいろなことを切れ目なく考えていることに気づくでしょう。

わたしたちは常にあらゆることを考えています。

アメリカの研究によると、その数は一日に約6万回。起きている間ほぼずっと、浮かんでは消える何かしらの思考で頭の中はいっぱいになっています。しかも、そのうち8割はネガティブな内容だといわれています。

モヤモヤしたり、ネガティブな気分になったら、スイーツやお酒などで気を紛らわそうとしがちですが、摂り過ぎては健康面での不安までも抱えてしまいます。

たった5分、紙とペンだけ用意して、感情を頭の中にとどめず紙に書き出すことによって、瞑想と同じ状態をつくり出すことができるので、ぜひやってみてください。

❷ 起床後すぐに行うワーク

これも用意するのは紙とペンだけ。先ほどご紹介したジャーナリングを、朝起きてすぐ行うワークです。

ジャーナリングとの違いは「脳の覚醒度」です。

寝起き直後は、意識（覚醒）と無意識（睡眠）の境界にいる状態です。いわゆるボーッとした状態。この脳の覚醒度が低い状態で頭に浮かんでいることを書き出すことで、普段言葉にしていない素直な気持ちが現れやすくなり、自分でも気づいていない本音や本心が言語化できるという効果が期待できます。

このワークのポイントは、きれいに読みやすく書こうとしないこと。寝ぼけている状態で書くので、しっかりきれ

いに書こうと意識せず、ただひたすらに、浮かぶ言葉を書き連ねるという感じで進めましょう。

「何を書けばいいの？　眠いよ。布団に戻りたいよ」などと愚痴が浮かんでいれば、そのまま書く。テーマも設けずに、そのときに頭の中に浮かんでいることを書いていきましょう。

時間は5〜15分で行います。文字数やページ数の制限はありません。寝る前にノートをあらかじめ開いておいて、横にペンを置いておくと、起きてから取りかかりやすいです。

ジャーナリングも起床後すぐに行うワークも、繰り返しになりますが「頭の中にあるもの」を外に出す作業、いわゆる脳内整理です。いろいろな思考がごちゃまぜにパンパンに詰まっているものを整理していくことで、徐々に自分との対話に慣れていきます。ですが、効果の即効性はありません。だからこそ毎日コツコツと続けられる気軽さや手軽さを重視してください。

3 心と身体のスケーリング

心と身体のスケーリング

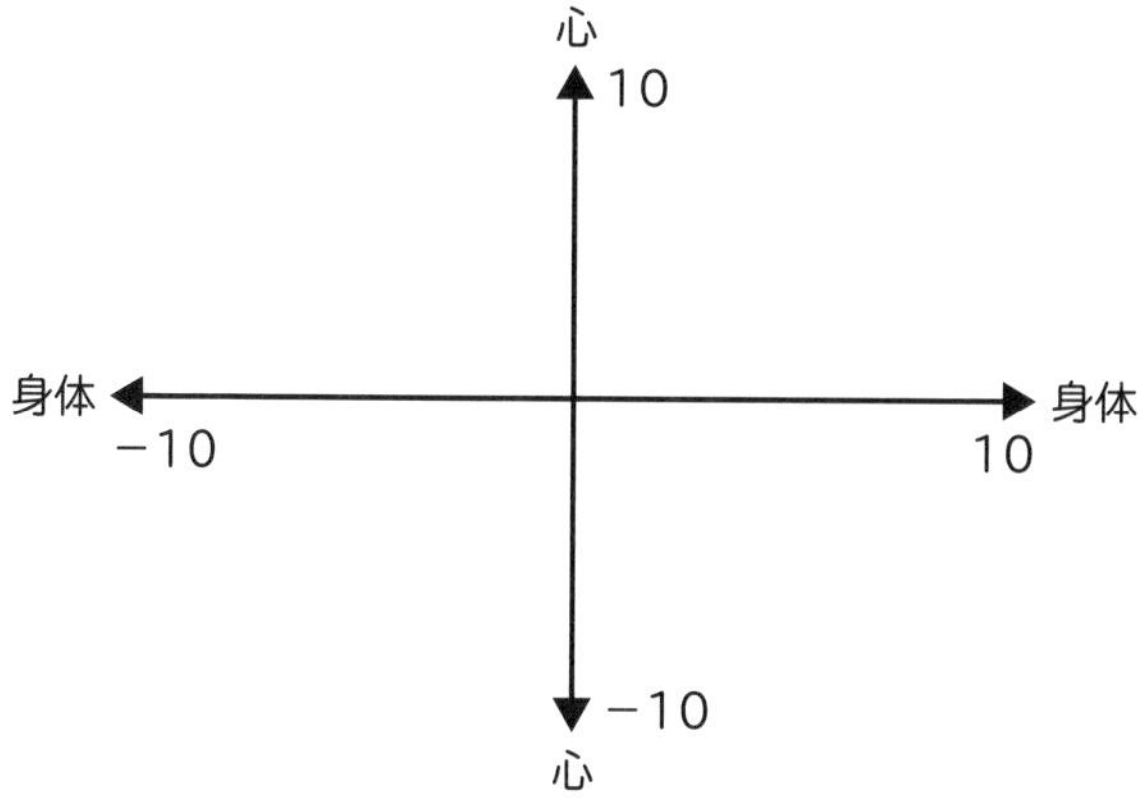

「スケーリング」とはスケール（ものさし）で測ることを意味した言葉です。心と身体のスケーリングとは、今の心と身体の「調子が良い」「いまひとつ」「不調」などという感覚を、下はマイナス10点から、上はプラス10点までの間で、何点なのか点数にして、客観的に把握する方法のことをいいます。

上の図を元にあまり時間をかけず直感で点数づけしてみましょう。

点数づけした結果、心と身体のどちらか片方、もしくは両方ともマイナスの場合は、自覚している以上に疲れが溜まっています。休養を優先するようにしましょう。

④ ご自愛リスト

いつでもどんな時でも心と身体を「良い状態」にチェンジできるセルフケアの方法やアイデアを考えて、リストにまとめていきましょう。

深呼吸をする、近所を散歩する、アロマオイルの香りを嗅ぐ、ちょっと良い入浴剤を入れたお風呂に浸かる、コーチに話を聴いてもらう、ジャーナリングするなど、ちょっとした時間と手間でできることを考え、スマホのメモ帳などに入れておくと、いつでも見ることができて使い勝手が良いです。

新しいチャレンジをしているときほど「ご自愛」を忘れないようにしましょう！

ワーク2 与えっぱなし、奪われっぱなしから卒業するGIVE&TAKE行動術

ここからは、あなたを「都合のいい人」扱いする他人とのコミュニケーションを変えて、二度と都合のいい人に逆戻りしないためのコツをお伝えします。

自分軸を活かしながら自己主張する技術

器用貧乏さんであるがゆえに都合のいい人扱いされ、一方的にGIVEするばかりの人間関係から脱却するには、自分の価値観、自分軸、行動指針に沿って生きることが重要です。そのためには、自分の思いや考えを相手に伝え、理解を求める対話(コミュニケーション)が必要です。

そもそも対人関係におけるコミュニケーションには3つのパターンが存在します。「攻撃型」「非主張型」、そして「アサーティブ型」です。順に説明していきます。

コミュニケーションの3パターン

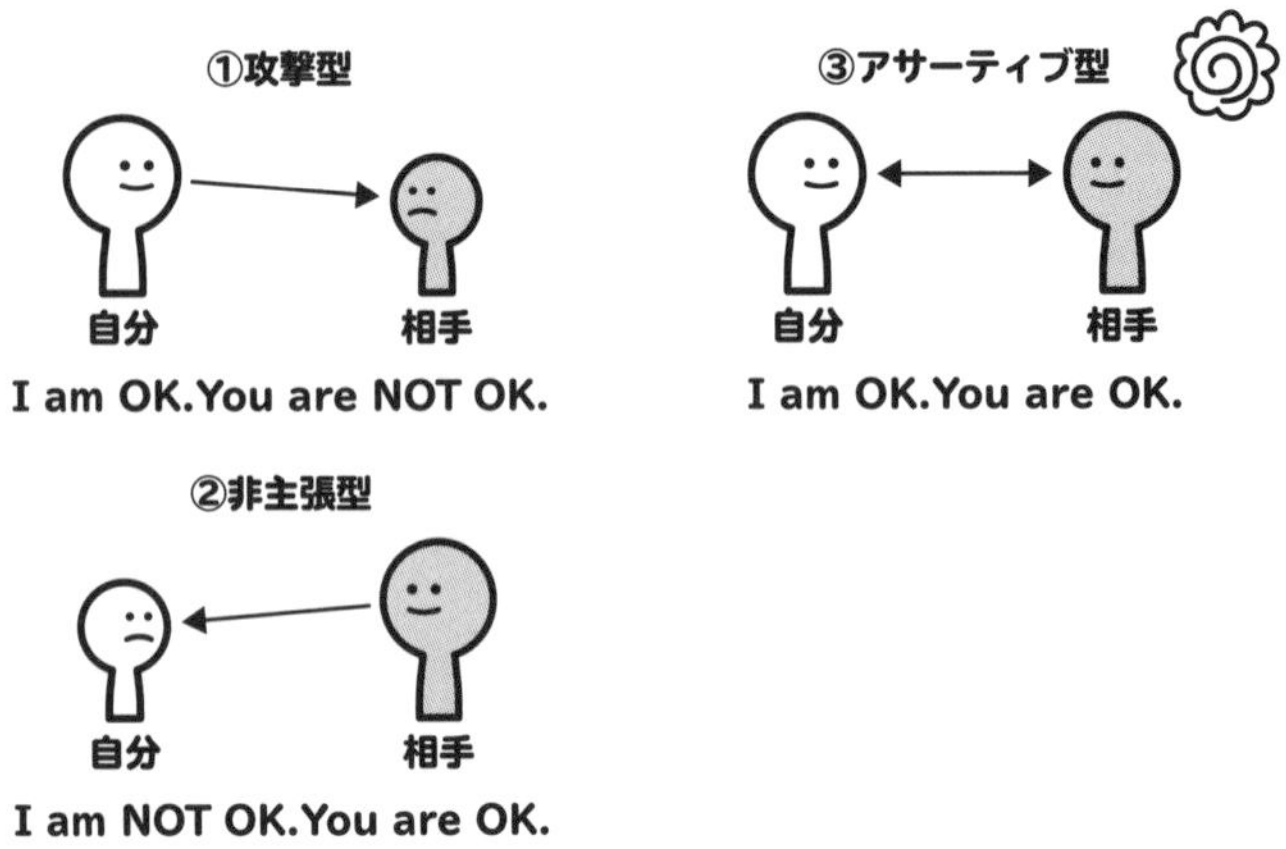

「**攻撃型**」は、自分のことだけを考えて、相手の主義主張は考慮せずに一方的に自身の思惑を押しつけるコミュニケーションです。相手は従うことしか許されず、結果として自尊心や自己肯定感を失います。

2つ目の「**非主張型**」は、攻撃型と立場が逆です。常に他者を優先し自分の主義主張は表現せず、相手の言いなりとなるコミュニケーションです。自分で考えたり、決断したりする意欲が衰え、依存や無気力状態を引き起こします。

3つ目の**「アサーティブ型」は、自分の考えや気持ちを大切にしたうえで自己主張でき、相手のことも配慮し尊重する**

ことができるコミュニケーションです。

コミュニケーションは、一方的に自分の言いたいことを言えばいいというものではありません。相手を尊重しつつ自分の意見を主張することができるコミュニケーション方法のアサーティブ型＝「アサーション」の技術を身につけましょう。

アサーション① DESC法

アサーションとは相手を尊重しつつ自分の意見を伝えるコミュニケーション方法です。いくつか手段はありますが、ここでは使いやすい「DESC法」をご紹介します。

DESC法

- D：Describe（描写する）……客観的に状況・事実を伝える
- E：Express（表現する）……自分の意見や感情を表現する
- S：Specify（提案する）……相手に求めているものを言葉で伝え、提案する
- C：Consequences（結果を伝える）……提案の実行／不実行による結果を伝える

この順番に沿って会話を進めていくと、無理なく自分の主義主張を相手に伝えることができるようになります。上司から短納期で急ぎの仕事を振られたときを例に取ってみましょう。

D「申し訳ありませんが、その納期では対応することが難しいです」
E「先日指示を受けた明日提出予定の資料作成を行っており、同時進行ができません」
S「明日、資料提出後からですと対応可能ですが、いかがでしょうか」
C「資料提出後のスケジュールは変更可能ですので、明日以降ですと対応できます」

アサーション② Yes, and

対立を生まない相づちに「Yes, and」（イエス，アンド）があります。

これは、相手の意見をまず肯定（Yes）し、その後に否定を続けるのではなく「実は」「そこでなんですが」と情報を追加（and）する話法です。
あなたが部下だとして、上司との会話を例に使い方をみてみましょう。

【BAD会話例】
上司「今日中にこの案件の対応を頼むよ」
部下「いやー、ちょっと無理ですね（No）。先に指示された案件があるのでできません」

【GOOD会話例】
上司「今日中にこの案件の対応を頼むよ」
部下「はい（Yes）。でしたら（And）、先に取りかかっている案件を一旦後回しにして対応してよろしいでしょうか」

器用貧乏さんは、自分の状況に関係なく請け負ってしまいがち。「Yes」と了承しつつ「and」で相手と交渉する術を身につけると、双方によい状況をつくれます。

アサーション③　衝突回避フレーズ

相手の話や主義主張に、どうしても納得いかない、共感的理解ができないときもあるでしょう。そんなときは、次の3つのフレーズを使いましょう。カッコの中にある「あなたは」という部分は声に出しません。

「(あなたは) そうお思いなのですね」
「(あなたは) そうお考えなのですね」
「(あなたは) そういうお気持ちなのですね」

これらのフレーズは、**自分の意思を表現せずに相手の意思を受け止めていることが示せる**返答なのですが、相手はまるで自分の主張が受け入れられたと感じられることができるので、衝突を防ぐことができます。

第6章

器用貧乏さんから脱出し、明るい人生を歩もう

器用貧乏さんから脱出し才能長者になるには、ここまでお伝えした方法を実行すれば可能です。しかし、「才能長者になり続ける」ためには、これから先の毎日をどう過ごすかが非常に重要になります。例えるなら、ダイエットのリバウンド対策に似ています。新しい行動をいかに日常に習慣化していくかが重要です。

器用貧乏さんから脱出したあとにやるべきこと

必要なもの…紙、ペン
ワークシートのダウンロードは226ページ

過去に器用貧乏で損していた。人生がイマイチだった、今もダメ。でも、未来はきっと良くなる！というのは残念ながらありません。なぜなら、未来は、時間が経てば「現在」となり、いつか「過去」になっていくからです。

今という瞬間は、昨日からすれば「1日後の未来」で、明後日からすると「1日前の過去」ですよね。だから、**今をどう過ごすかが未来の満足につながり、過去の充実もつくっていく**ことになります。

理想の未来を生きるには、「今」を最高にしていくことが大切です。そのためのワークを2つご紹介します。

ワーク1　今、未来を生きるためのワーク（週1回）

このワークは毎日する必要はありません。週に一度作成するようにしてください。作成するのは、次の5項目です。

1週間のゴール設定

- 今週末がどのような状態だといいかイメージする
- そのイメージを現実化するための行動立案

今週のチャレンジ

- 小さなことでいいので、習慣にしているもの以外で何かチャレンジする
- そのチャレンジを叶えるための行動立案

今週の自分の役割と、その役割がやりたいこと、やるべきこと

- **自分が持つ役割（父母、夫妻、婿嫁、子、PTA役員、上司など）を1つずつ定義する**

※役割については8つ以下に抑えるようにしましょう

- **定義した役割が担う具体的な予定を立案する**

今週やるべきことの優先度合いチェック

- **第4章の「緊急重要×好き得意」で分類したタスクの今週分を確認する**

人生の満足度を見える化するライフチャートで点数づけ

- **第4章の「ライフチャート」を使って、10点満点で点数をつける**

※点数づけは週はじめと週末の2回行いましょう

1週間のゴール設定

今週末〔　/　(　)〕
どんな状態だといい？

↓

そのために何をする？

今週のチャレンジ

↓

チャレンジのために
どんな行動をする？

今週の自分の役割と、その役割がやりたいこと、やるべきこと

役割	自分自身							
やりたいこと／やること								

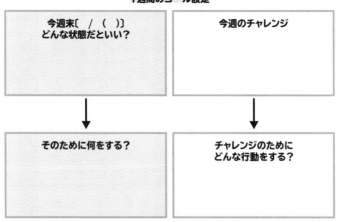

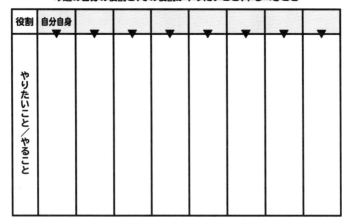

今、未来を生きるワークシート

今週やるべきことの優先度チェック

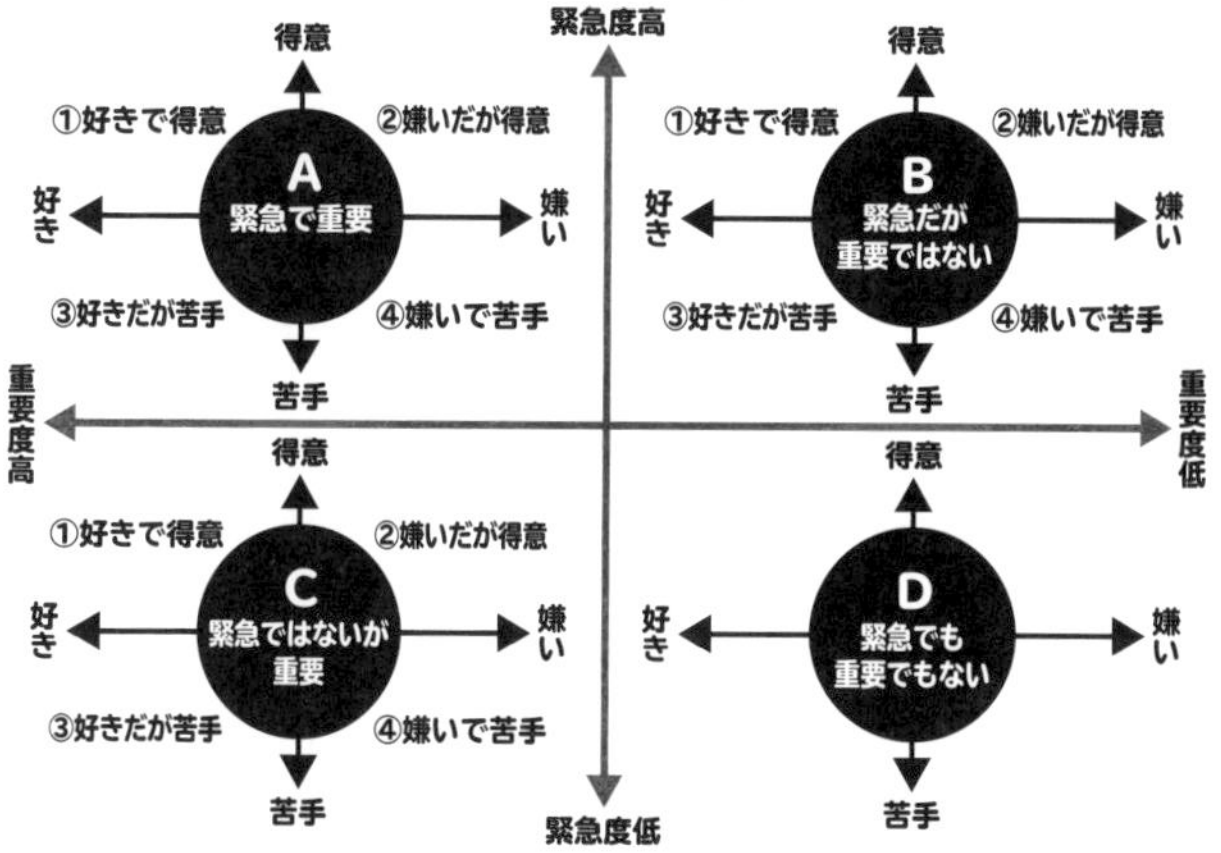

人生の満足度を見える化するライフチャートで点数付け

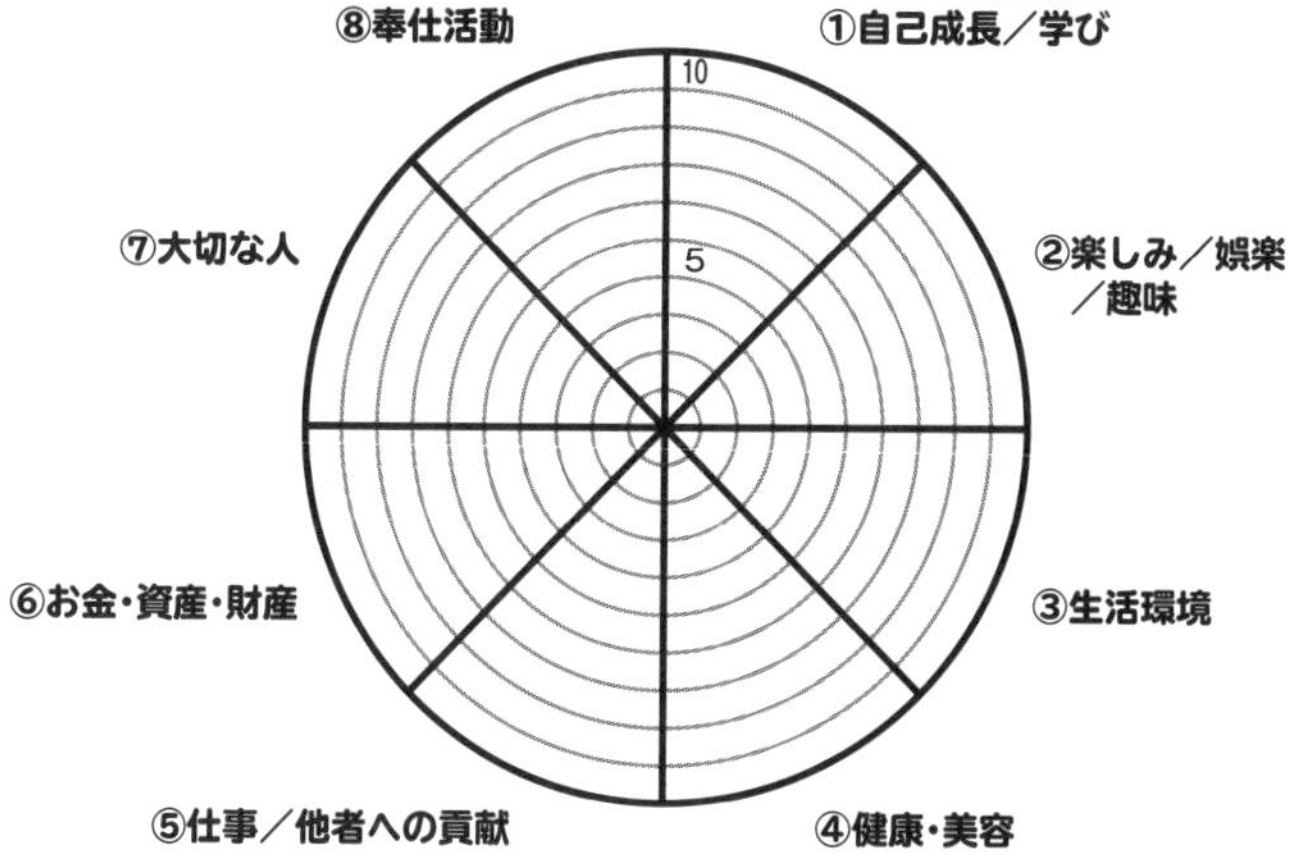

前のページを参考にノートなどに書いていただいてもいいですし、226ページからワークシートをダウンロードし、印刷して記入いただいても構いません。

ワーク2　今日1日を振り返るワーク（毎日）

ここまで、理想の未来に向かって何をすればいいかを紹介してきました。あとは行動するだけ！　ですが、ただ前を向いてひたすらに行動するだけでは、実は効果が十分に発揮されません。せっかくの新しいチャレンジですから、しっかりとモノにしたいですよね。そのために必要なのが、2つ目のワークです。

「振り返り」の重要性

振り返りの説明の前に、ちょっと思い出していただきたいことがあります。それは学生時代の勉強、特に復習についてです。

学生の頃、授業で一度聞いただけで内容を覚えることができていましたか？　まれにそういった能力を持つ人がいますが、多くの人は苦労したのではないでしょうか。

復習することで脳に情報を定着させるからこそ、テストで正解を得ることができるわけですよね。

学校の勉強は復習を繰り返すことでテストや評価の高得点という成果を得られますが、人生は違います。**人生には決まった答えというものはありません。何が自分にとって正解なのかは、自分で決めていく必要があります**。

人生に正解を求めて手段や情報ばかり集めるのは、第5章で紹介した「知っている」だけで行動ができていない状態になり、それでは自分のものになりません。「できる」「やっている（習慣化する）」からこそ、自分の糧となります。

行動を糧としていくには、日々の経験や体験を振り返り、活かしていくことが大切なのです。

では、どのように振り返ればよいのでしょうか。

ちなみに、一般的には、年に1回、無意識に振り返りをしていることが多いです。それはいつでしょうか？

答えは「大晦日」です。

テレビやラジオから流れるカウントダウンの声や除夜の鐘を聞きながら「あぁ今年もアレできなかったな」「今年はこんな年だったな」など、ふと思い出して、ちょっと感傷的な気分になったりしませんか。あれも、振り返りです。そして新年（といっても翌日ですが）に、「よし今年こそは！」と気持ちも新たに目標を設定することもあるでしょう。

一年に一度、しかも、1年分をまとめて振り返る。おそらく人生で50〜60回くらいは振り返ることができそうです。

これが、半年に一度の振り返りになったら、どうでしょう。実に2倍の振り返りが可能となります。では毎月ではどうでしょう。なんと対前年比12倍です。毎週なら52倍、毎日なら365倍です！　これだけの頻度で振り返りと行動を繰り返していたら、かなりの成長変化が起きそうです。

さらに、**毎日の頻度で振り返りをすると、一日分を振り返るだけで済みますから、さほど時間がかからずに具体的な内容を思い出すことができます。**

具体的に振り返れば、より具体的に気づきを得られます。具体的な気づきが得られることで、より具体的に軌道修正ができ、次へのアクションが設定できます。

今日一日を振り返るワークですること

一日1回、次の5つの項目について振り返りを行います。

①今日の感謝

一日を通じて感謝したいことについて書きましょう。

②目標へ近づけた一日だったか？

掲げている目標について少しでも近づけた感覚があればYES、そうでなければN

○と自己判定しましょう。

③今日の成長、自己発見

一日の中で自分に関する新たな発見や、成長できた感覚があればその内容を書きます。どんな些細なことでも構いません。

④今日をもう一度やり直せるとしたら何をする？　もしくは、何をしない？

もし仮にタイムマシンに乗って過去に戻れるとしたら、どの瞬間に戻って、何をどんなふうにやり直したいでしょうか？　考えて、具体的に書いてみましょう。

⑤休息の有無、コーヒーや喫煙、飲酒などの嗜好品の摂取の有無

過度な摂取は良くありませんが適度な休息や嗜好品を摂取することは、リフレッシュにつながります。ストイックすぎると行動が長続きしません。

これらを、ノートやメモ帳に、短くてよいので項目ごとに書き出していきましょう。

効果的な振り返りを行うには、一日の終わりか、遅くとも翌日の午前中に行ってください。**振り返りのコツは「毎日行う」こと**です。

器用貧乏さんから脱出する過程でそのつど自分を受け入れる「一致感チェック」

行動を続けていても、時に停滞を感じたり、これで良いのか？　間違った方向に進んでいないか？と思うことはありませんか。

よく「やりたいけど気持ちがついていかない」「やろうという気持ちはあるけど行動につながらない」といった悩みを抱えるときがありますが、現実の状態は、思考・発言・行動・感情がつくり出しています。

そんなときに試してほしいのが「一致感チェック」です。

一致感チェックは、わたしがコーチングを学んだ平本あきお氏が開発した「コングルエントの輪」をベースにしています。

これは、**やりたいことや目標などの取り組んでいることに対して、「考えていること**

（思考）」「言っていること（発言）」「やっていること（行動）」「感じていること（感情）」が何なのかを明らかにするワークです。

例えば、器用貧乏さんから脱出するために定めた「毎日1回SNSで発信をする」という行動目標があるとします。これに対して、実際の状態を明らかにします。

実際の状態（現状）

- **発信なんて、どうせ続かないよなと考えている（思考）**
- **SNSで発信することを誰にも言っていない（発言）**
- **スマホでSNSを開いてはみるが、見るだけになっている（行動）**
- **投稿しようとすると自信のなさから不安が押し寄せてくる（感情）**

書き出してみると、「SNSで発信をしたい」と思っていても、実際は一致感がない

状態であることが一目瞭然です。これでは、当然ながらSNS発信はできません。ですが、現状がリアルにわかれば対処ができます。

対処法を考える前に、理想の状態はどういうものかを設定します。例えば、次のような感じです。

理想の状態

- **続けるための効果的な仕組みは何かと考えている（思考）**
- **SNSで発信することを周囲に話す（発言）**
- **毎日決めた時間にSNSを開いて、どんな内容でもいいから投稿する（行動）**
- **投稿することによって得られるメリットを想像する（感情）**

今、挙げた理想の状態と、現状のギャップを解消することのできる対処法（解決策）を考えればいいわけです。

対処法（解決策）

- 続く仕組みとご褒美をセットで考える（思考）
- SNSで発信することを友人に話してみる（発言）
- 毎朝7時に「おはよう」と投稿することから始める（行動）
- 投稿することによって得られるメリットを100個書き出す（感情）

新しいチャレンジは、どんな小さな行動であっても、どれだけ成功している人でも、戸惑いや不安はつきものです。決してあなただけではありません。

うまくいかないと感じるときには一致感チェックをしてみて、自分の中で何が起きているかを知ることから始めましょう。知れば、理想との比較から対処法が見つかります。

定期的にプロの手を借りてメンテナンスを

ご紹介してきたワークはすべて、ひとりでできるやり方です。

変化は行動するからこそ実現します。ぜひやれそうなところや、やってみたいところからでもよいので、取り組んでみてください。

そして、はじめのうちは本に書かれているとおりに実践していても、知らないうちにズレてしまうことがよくあります。時には誰かの力を借り、第三者の視点で間違った方向に進んでいないかをチェックしてみるといいでしょう。

誰も自分の背中を自分の目で見ることはできません。それと同じで、自分では気づいていないことも、他者だと容易にわかることがあります。

コーチングのススメ

第三者の視点、他人の力をプロに依頼してみるのも良い方法です。なぜなら、プロは専門知識を有し、正しいトレーニングを積んでいるからです。

特にオススメなのはコーチングです。

コーチングは、コーチの問いかけに答えることによって自己理解を促す手法です。一方的なアドバイスや解決法を与えられるよりも、どうしたらよいかをコーチとともに考えることで、判断力や行動力が増していきます。

器用貧乏さんから脱出するには自分の力で判断することがとても重要なので、ぜひコーチングを活用していただきたいです。

コーチングを受けるには、対面やZoomなどのオンライン、メールやチャットなど、多種多様な方法があります。コーチの語源は馬車で、行きたいところに連れていってくれる運転手のような存在です。きっとあなたの進みたい方向へ伴走してくれる、心強いパートナーになってくれることでしょう。

おわりに

器用貧乏は困ること、ネガティブなもの、自己肯定感を下げるものだというレッテルが、いかに人生に悪影響を及ぼしているかを、そしてあらゆる損失を生み出しているかを、たくさんのお悩み相談に乗る中で、そして当事者としても痛感してきました。

何度でも言います。器用貧乏からは脱出できます。

でもそれは、何かを克服することではありません。

たくさんあるあなたのできることや、これまでやってきたことを自覚して、整理して、キラリと光るポイントを見つけていくだけで、器用貧乏さんは才能長者さんに生まれ変われます。

最後に、お願いがあります。

器用貧乏から脱出すると決めたら、どうかその決意を大切にして、諦めずに行動してください。あなたが決めたことは、あなたが実現しなければ、未来永劫、誰も叶えることができません。

困ったり悩んだり、立ち止まったときには、この本を開いてみてください。きっと役に立てることが何かひとつは書いてあるはずです。

そして、もしよかったら、SNSで「#器用貧乏さん」をつけて、あなたの変化をわたしにも教えてください。楽しみに待っています！

ここまで出会ってくださったすべての皆さんに、この場をお借りして御礼を申し上げます。皆さんとの出会いによって、今のわたしがあります。

そして、この本を手に取って読んでくださった、あなたへ。本当にありがとうございました。

2024年息子の誕生月に　龍夏

読者限定プレゼント

本書のワークをさらに取り組みやすくするために
下記でご紹介したワークシートをプレゼントいたします。

第4章

ワーク1　ライフチャート（91ページ）

ワーク5　自分と家族の年表（126、127ページ）

ワーク7　過去1週間の時間の使い方（154ページ）

この先1週間の時間割（160ページ）

第5章

マンダラート（184ページ）

第6章

ワーク1　今、未来を生きるためのワーク
（210、211ページ）

A4のコピー用紙に印刷する（またはPDFに直接記入する）方法が、書きやすいだけでなく、「今」のあなたが考えていることが手元に残るのでオススメです。
ぜひプレゼントを受け取ってください。

無料

ワークシートのダウンロード方法

下のQRコードからLINEの友だちを追加してください

↓

友だち追加後、表示される画像をタップしてください

↓

ワークシートをプレゼント！

https://lin.ee/eKe0eCZ

QRコードが開けない場合は、
「@401krkuy」とID検索してください

【注意事項】

- 通信費用はお客様のご負担になります。
- 一部の機種・OSによっては対応していない場合があります。
- LINEの使用方法は、LINE内のヘルプをご参照ください。
- PDFの編集はAdobe Acrobat等のツールをダウンロードし行ってください。
- 第三者やSNSなどネット上での転載・再配布は固くお断りいたします。
- 本データは運営会社（アシタノコンパス）が提供しています。総合法令出版株式会社ではデータのダウンロード方法、ワークシートの使用方法についてはお答えできません。
- プレゼントは予告なく終了する場合がありますので、お早めにお申し込みください。

お問い合わせ　アシタノコンパス　ryuka@asitncompass.com

龍夏（りゅうか）

器用貧乏さんの「生きるコンパス」をつくるコーチ・運命学鑑定士

大手自動車メーカーで 28 年間勤務し、お茶汲みやコピー取りの冴えない OL 時代を経て、社内外のカイゼン活動、マインド改革を 2 万 6000 時間以上実施し、メンタルとビジネスの結びつきの重要性を実感。この経験を生かして 2011 年よりメンタルコーチの活動を開始。5 ～ 83 歳までの器用貧乏に悩む学生、主婦、社会人、治療家、経営者に向けてカウンセリング領域までをも含んだ 1 万 1000 件以上の悩みの解決に携わる。2019 年よりライフコーチング・運命学・起業支援を組み合わせた、器用貧乏さんにマンツーマンで関わる講座「アシタノコンパス ®」を主宰。これまでに 8100 時間以上開講中。本書が初の著書となる。

YouTube　https://www.youtube.com/@ryuka_ashitanocompass

何をやっても中途半端…な

「器用貧乏さん」から脱出する本

2024 年 7 月 23 日　初版発行

著　者　龍夏
発行者　野村直克
発行所　総合法令出版株式会社
〒 103-0001 東京都中央区日本橋小伝馬町 15-18
EDGE 小伝馬町ビル 9 階
電話　03-5623-5121
印刷・製本　中央精版印刷株式会社

落丁・乱丁本はお取替えいたします。

ISBN 978-4-86280-953-7
総合法令出版ホームページ　http://www.horei.com/

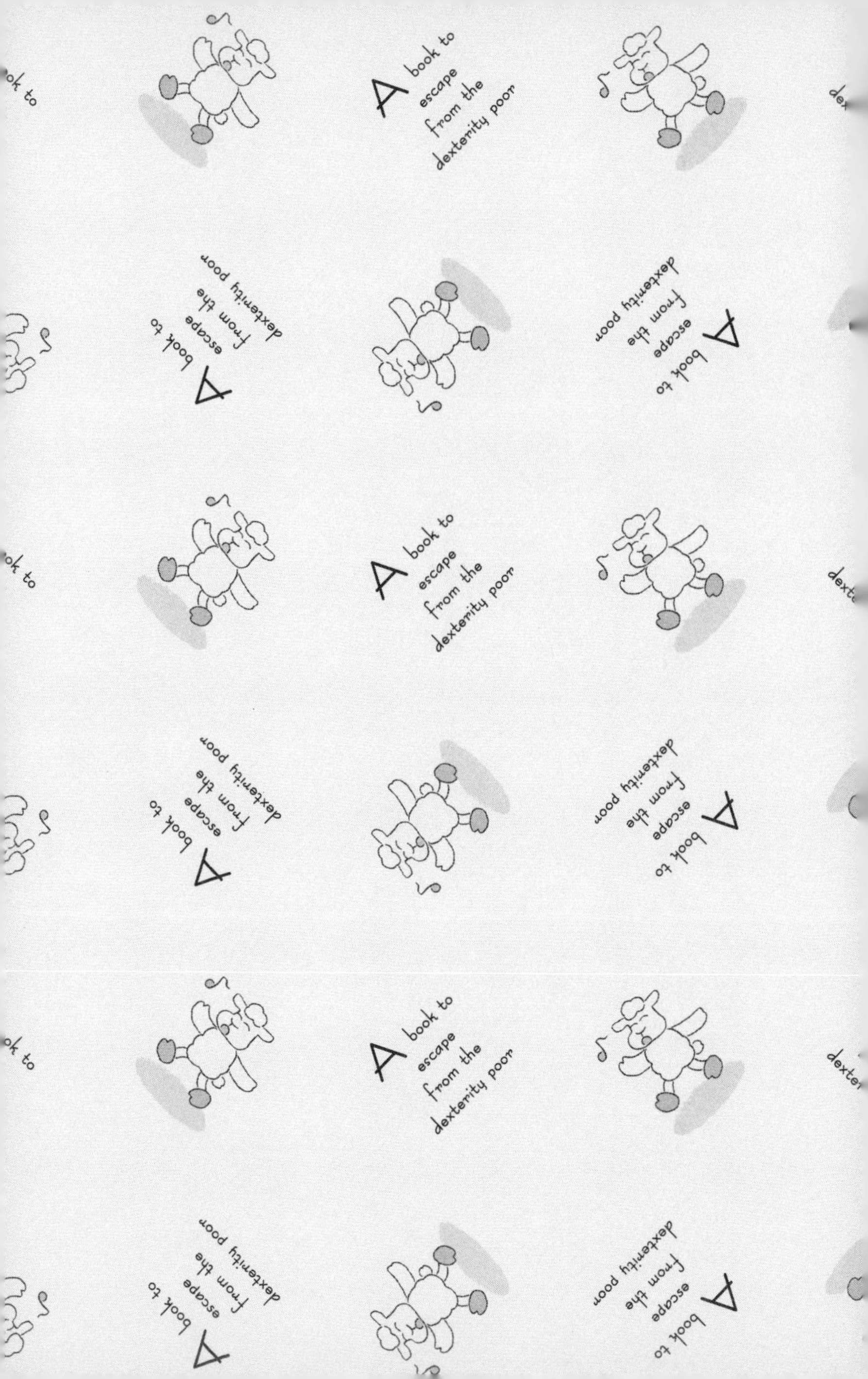
A book to escape from the dexterity poor

A book to escape from the dexterity poor